EVA-MARIA BAST | SVEN KUMMEREINCKE

Hamburger Geheimnisse

50 SPANNENDE GESCHICHTEN AUS DER HANSESTADT

Bast, Eva-Maria; Kummereincke, Sven
Hamburger Geheimnisse – 50 spannende Geschichten
aus der Hansestadt

HAMBURGER ABENDBLATT in Kooperation mit:
Bast Medien Service / Bücher am Münsterturm,
Münsterstr. 35, 88662 Überlingen (verantwortlich)
2. Auflage 2014.
ISBN: 978-3-9815564-9-0

Copyright: Bast Medien Service
Lektorat: Lena Bast
Covergestaltung: Cornelia Müller, Jarina Binnig
Layout: Jarina Binnig | Homebase – Kommunikation & Design
Grafik: Jennifer Krebs
Satz: Jarina Binnig
Druck: werk zwei Print + Medien Konstanz GmbH

Ein Titel aus der preisgekrönten Reihe „Geheimnisse der Heimat"

Inhalt

Vorwort   7

Die Autoren   9

01. Geheimnis
Rohre im Lichtschacht – Mit 58 Sachen durch Hamburgs Unterwelt   10

02. Geheimnis
Kaiserfiguren – Die Hoheit und die Lügen   14

03. Geheimnis
Ausgescheuerter Türsturz – Als in den Straßen noch Wasser floss   18

04. Geheimnis
Seilscheibe – Kunst gegen Kohle   21

05. Geheimnis
Relief im Alten Elbtunnel – Die wartende Braut des Erbauers   25

06. Geheimnis
Rickmer Rickmers – Wie die Marmelade nach Deutschland kam   29

07. Geheimnis
Jahreszahl – 20.000 Bürger wurden vertrieben   32

08. Geheimnis
Einstiegshäuschen – Der Abstieg des Kaisers   35

09. Geheimnis
Rätselhafter Schriftzug – Ein Schild kündet von der Vergangenheit   39

10. Geheimnis
Wandrosetten – Praktisches kann auch schön sei   41

11. Geheimnis
Altes Gleis – Industrie als Abenteuerspielplatz   43

12. Geheimnis
Polen-Schriftzug – Maurer setzen sich ein Denkmal   46

13. Geheimnis
Bienenkorb – Danke, Napoleon! 50

14. Geheimnis
Moldauhaufen – Kleiner Ausflug nach Tschechien 53

15. Geheimnis
Helle Spuren – Eine denkwürdige Geschichte 56

16. Geheimnis
Deichstraße – Die Katastrophe, die Hamburg modern machte 60

17. Geheimnis
Hochzeitstor – Moralischer Zeigefinger für künftige Eheleute 64

18. Geheimnis
Mosaik – Ein Ort der Reinlichkeit 67

19. Geheimnis
Judenbörse – Hamburgs erster Flohmarkt 70

20. Geheimnis
Weiße Spuren – Eine Wasserleiche und ein englischer Polizist 73

21. Geheimnis
Schmidt-von-Lübeck-Grab – Der dichtende Bankier 76

22. Geheimnis
Kastanie – Rauschender Applaus und rauschende Blätter 79

23. Geheimnis
Blücher-Denkmal – Ein dänischer Elefantenträger 82

24. Geheimnis
Medaillon – Der Baumeister und die Haushälterin 86

25. Geheimnis
Grotte – Attraktion hinter Gittern 89

26. Geheimnis
Steinerne Tiere – Mit Seehunden fing alles an 92

27. Geheimnis
U-Boot-Bunker – Grauer Koloss aus dunklen Zeiten　　95

28. Geheimnis
Deckenmalerei – Kaufmann Mellin hätte sich gefreut　　98

29. Geheimnis
Schwarz-weiß-rote Steine – Vom Exerzierplatz ins Stadion　　101

30. Geheimnis
Alte Post – Briefe aufzugeben war nicht einfach　　104

31. Geheimnis
Klopstock-Grab – Der große Dichter und die kleine Kirche　　107

32. Geheimnis
Kiosk – Als die Beatles ihre Zigaretten einzeln kauften　　110

33. Geheimnis
Stuhlmann-Brunnen – Kampf der Nachbarn　　113

34. Geheimnis
Börse – Nach Adam Riese …　　116

35. Geheimnis
Domplatz – Rummel in der Kirche　　121

36. Geheimnis
Hübner-Haus – Zuckersüße Kinderträume　　124

37. Geheimnis
Alte Steine – Festung des Fortschritts　　128

38. Geheimnis
Dampfboot-Wartezimmer – Ein Schiff legt hier nicht mehr an!　　132

39. Geheimnis
Erker und Schriftzug – Bierbrauen geht vor　　135

40. Geheimnis
Danebrog – Schmuggler und Freiheitskämpfer　　137

41. Geheimnis
Relief – Ein Esel, ein Mönch und ein Narr   140

42. Geheimnis
Pudel – Wie der Hund auf das Dach kam   143

43. Geheimnis
Königliches Relief – Der Prinz und der Backofen   148

44. Geheimnis
Nikolaikirche – Wie Gottfried Semper ausgetrickst wurde   152

45. Geheimnis
Dunkle Kreuze – Erinnerung an eine bewegte Zeit   156

46. Geheimnis
Wracks vor Blankenese – Das Desaster nach der Katastrophe   160

47. Geheimnis
Kirchenwiese – Kommerz 1 – Kunst 0   164

48. Geheimnis
Merkwürdige Gebilde – Überbleibsel aus dem Kalten Krieg   168

49. Geheimnis
Kupferdach – Skandal am Karfreitag   171

50. Geheimnis
Küchenjunge – Ein Kleiner, der das Essen liebt   174

Danksagung   178

Literatur und Quellen   179

Stadtplan mit den Geheimnissen   186

Vorwort

„Mit der Heimat im Herzen die Welt umfassen." Dieses Zitat des Schriftstellers Gorch Fock ist jedem Leser des Hamburger Abendblatts ein Begriff, findet es sich doch im Titel unserer Zeitung wieder und ist ihr Leitsatz. Mit der Heimat im Herzen die Welt umfassen war und ist Kernaufgabe des Hamburger Abendblatts, das sich immer als (gedrucktes) Lebensgefühl verstanden hat. Im Idealfall soll der Leser, wenn er die Zeitung in der Hand hat, denken: endlich zu Hause. Das Hamburger Abendblatt ist eben ein Stück Heimat, wie der Michel, die Alster oder Hagenbeck. In Hamburg eine Heimat-Zeitung zu machen, ist dabei sicherlich einfacher als anderswo, weil die Hamburger ihre Stadt lieben und weil der Satz von der „schönsten Stadt der Welt" zwar nicht immer ernst gemeint, aber doch so etwas wie der kleinste gemeinsame Nenner der Menschen ist, die hier wohnen. Auch für mich ist Heimat nur ein anderes Wort für Hamburg – und umgekehrt. Insofern fiel die Entscheidung nicht schwer, als die Erfinderin der Zeitungs- und Buchreihe „Geheimnisse der Heimat", Eva-Maria Bast, bei uns anklopfte und fragte, ob die Hamburger Geheimnisse in Kooperation mit dem Hamburger Abendblatt denkbar seien. Zumal die Herangehensweise an die „Geheimnisse" eine urjournalististische ist: auf die Straße gehen und Geschichten suchen.

Hamburg hat viel zu bieten, große bekannte Schönheiten und Besonderheiten. Doch mit all diesen Berühmtheiten ist auch eine Gefahr verbunden: dass man die vielen kleinen Schätze übersieht, die

die Hansestadt eben auch hat. Schätze, die verborgen in Schächten schlummern, die kaum sichtbar an einem Mauerwerk hängen. Kleine Dinge, hinter denen große Geschichten stecken. Geheimnisse eben.

Schnell war klar, dass wir Eva-Maria Bast den stellvertretenden Leiter unserer Lokalredaktion, Sven Kummereincke, zur Seite stellen wollen, der Hamburgs Geschichte kennt wie wenige und viel dazu publiziert hat. Die beiden Autoren sind in Hamburg auf Spurensuche gegangen, haben Einheimische nach ihren Geheimnissen gefragt. Entstanden ist dabei ein charmantes Stück Stadtgeschichte, das den Blick auf die verborgenen Dinge lenkt. „Das schönste Kompliment ist für mich, wenn mir echte Urgesteine sagen: ‚Das habe ich auch noch nicht gewusst. Und ich kenne die Stadt eigentlich wie meine Westentasche'", sagt Eva-Maria Bast. Dabei ist ihr ganz wichtig, dass die Autoren sich nicht in den Mittelpunkt stellen, denn: „Im Prinzip ist es ein Buch von Hamburgern für Hamburger. Wir Autoren sammeln die Geschichten nur und schreiben sie auf."

In diesem Sinne: Viel Spaß beim Lesen!

Herzlichst Ihr

Lars Haider
Chefredakteur
Hamburger Abendblatt

Die Autoren

Eva-Maria Bast, Jahrgang 1978, arbeitet seit 1996 für verschiedene Zeitungen und Magazine. 2011 gründete sie mit Heike Thissen das Journalistenbüro „Büro Bast & Thissen", das 2013 erweitert wurde und sich nun „Bast Medien Service" nennt. Eva-Maria Bast initiierte und schreibt seither die Buchreihe „Geheimnisse der Heimat", die 2011 startete, rasch zu einem regionalen Bestseller wurde und die zum Jahresende 2014 in 16 Bänden vorliegt. 2012 wurde die Tageszeitung Südkurier für die Geheimnis-Reihe mit dem Deutschen Lokaljournalistenpreis der Konrad-Adenauer-Stiftung in der Kategorie Geschichte ausgezeichnet.

2012 begann Bast sich auch der Belletristik zu widmen. Mit „Vergissmichnicht" (Gmeiner-Verlag) gab sie ihr Krimi-Debüt, „Tulpentanz" folgte ein Jahr später. Im Frühjahr 2014 erschien ihr erster historischer Roman „Mondjahre". Eva-Maria Bast lebt mit ihrer Familie in Überlingen am Bodensee.

Sven Kummereincke, Jahrgang 1967, arbeitet seit 1991 als Journalist. Er begann als Hospitant bei der „Ahrensburger Zeitung", einer Regionalausgabe des Hamburger Abendblatts, war mehrere Jahre lang freier Mitarbeiter und ist seit 2000 Redakteur. Sven Kummereincke war ab 2002 landespolitischer Redakteur beim Abendblatt und ist zurzeit stellvertretender Leiter der Lokalredaktion. Außerdem hat er eine Vorliebe für historische Themen entwickelt.

2013 erschien das Buch „Hamburg in 12 Jahrhunderten", das er gemeinsam mit Dr. Matthias Gretzschel geschrieben hat. Sven Kummereincke lebt in Hamburg-Eimsbüttel.

Rohre im Lichtschacht
Mit 58 Sachen durch Hamburgs Unterwelt

01

Oft sind es die kleinen, die unscheinbaren Dinge, hinter denen große Geschichten stecken. Das gilt auch für die beiden alten Rohre die, ganz im Verborgenen, in einem Lichtschacht der Alten Oberpostdirektion am Stephansplatz auf dem Boden liegen. Unzählige Menschen mögen täglich über das Gitter gehen, das den Lichtschacht verschließt, doch kaum jemand wirft einen Blick nach unten. Warum auch. Wer würde schon in einen Lichtschacht spähen? Hamburg-Kennerin Katja Nicklaus aber hat hinuntergeblickt und die beiden alten Rohre entdeckt, mit denen es eine ganz besondere Bewandtnis hat. „Das sind die letzten Überbleibsel der ersten Hamburger Rohrpost", erzählt sie. „Sie führte ab dem 1. Februar 1887 von der Börse am Adolfsplatz zum Telegraphenamt am Stephansplatz."

Durch die Rohre von sechseinhalb Zentimetern Durchmesser sausten kleine Kartuschen mit ihrer kostbaren Fracht. Kostbar nicht nur aufgrund der Wichtigkeit der Nachricht, die dieserart transportiert wurde, nein, die Rohrpost war auch noch mächtig teuer: „Ein Telegramm nach Übersee hat 60 Reichsmark gekostet. Zum Vergleich: um 1900 verdiente eine Kontoristin im Monat um die 52 Reichsmark", erzählt Katja Nicklaus. Ob teuer oder nicht: Die Rohrpost war ein Erfolg und wurde deshalb erweitert. „Später kam dann die Post am Hühnerposten dazu und die Rohrpost wurde bis zum einstigen Stadtmauerring ausgebaut." Insgesamt betrug die Strecke am Ende rund 40 Kilometer.

Der Transport funktionierte durch „Wegpusten und Ansaugen", erklärt Katja Nicklaus. „Und so praktisch das war, so war die Rohrpost auch ziemlich aufwändig und außerdem störanfällig." Trotzdem habe

> „Das sind die letzten Überbleibsel der ersten Hamburger Rohrpost. Sie führte ab dem 1. Februar 1887 von der Börse am Adolfsplatz zum Telegraphenamt am Stephansplatz."

Katja Nicklaus kniet vor dem Schacht, in dem die Rohre verborgen sind.

11

man sie gern genutzt und nach dem Zweiten Weltkrieg die Beschädigungen repariert. So erfolgreich arbeitete die Rohrpost, dass man in den 1960er-Jahren sogar eine Großrohrpost baute, auch hier wurde wieder mit Druck- und Saugluft gearbeitet, mit bis zu 58 km/h flitzte die Post durch die Rohre. „Es mussten ja täglich viele Hunderttausend Briefe innerhalb der Stadt verschickt werden", sagt Nicklaus. „Und wenn man sich mal überlegt, wie dicht der Verkehr in den 1960er-Jahren in Hamburg war, kann man schon verstehen, dass nach Alternativen gesucht wurde."

Wenn die Gitter geschlossen sind, muss man genau hinsehen, um die Rohre zu entdecken.

Mit der Planung wurde die Firma Carl August Schmidt & Söhne beauftragt. Erfahrung hatte das Unternehmen bereits, es hatte in den 1920ern in Buenos Aires eine Stadtrohrpost gebaut. Doch in Hamburgs Untergrund lauerten mächtig viele Probleme. NDR-Journalist Marc-Oliver Rehrmann schreibt: „Mal steht ein Bunker-Rest oder ein Bahndamm im Weg, mal ergießt sich der stinkende Inhalt eines alten Abwasser-Siels in die Baugrube. Und nur neun Tage nach dem offiziellen Start im Frühjahr 1962 bricht die verheerende Sturmflut über die Stadt herein – und richtet auch an der Großrohrpost-Anlage schwere Schäden an." Auch der laufende Betrieb war nicht so ganz einfach: „Die Straßenbahn hat ziemlich geschüttelt und dann hing die Rohrpost fest", erzählt Katja Nicklaus. „Chefinspektor Heck inspizierte die Rohre höchstpersönlich." Im Arbeitsalltag seien Techniker auf kleinen Wägelchen durch die Rohre bugsiert worden, um das Problem zu beheben. „Dies geschah teilweise unter Lebensgefahr und wurde von der Post kurz danach verboten." Anschließend habe man eine Film- und Fotobüchse zur Inspektion verwendet.

Die Ingenieure, die damals einfuhren, müssen von eher zierlicher Gestalt gewesen sein, denn die Rohrpost hatte einen Innendurchmesser von 45 Zentimetern. „Die Kartuschen waren knapp 45 Zentimeter hoch und 85 Zentimeter lang, rund 1000 Briefe passten hinein", berichtet Katja Nicklaus. Und Marc-Oliver Rehrmann stellt fest: „Bis zu 600.000 Briefe können (...) theoretisch pro Stunde von Postamt zu Postamt geschickt werden. Auch im Ausland verfolgen Post-Experten das weltweit einmalige Projekt. Aus Israel, den USA, Südkorea, Kanada und der Sowjetunion reisen Gäste an."

Die Rohrpost ist schnell. Braucht zweieinhalb Minuten, wo der Transport via Straßenverkehr je nach Verkehrsdichte 20 Minuten gedauert hätte. Aber sie ist auch teuer, doppelt so teuer wie der Versand mit dem Auto. „Und die Störanfälligkeit nimmt immer mehr zu", erzählt Katja Nicklaus. Deshalb wurden 1976 die im 19. Jahrhundert gestartete Rohrpost und die Großrohrpost eingestellt. Die Rohre verlaufen noch immer unter Hamburgs Asphalt. Statt Post befindet sich nun Erde darin. Unsichtbare Zeugen einer für die Post aufregenden und bedeutenden Zeit, in der Experten aus der ganzen Welt auf Hamburg blickten. Nur zwei Zeugen, die an die allererste Rohrpost erinnern, sind eben noch sichtbar: die beiden kleinen Rohre im Lichtschacht.

Eva-Maria Bast

So geht's zum Rohr im Lichtschacht:

Die alten Rohre liegen im fünften Lichtschacht neben der Alten Oberpost-direktion am Stephansplatz, auf der Seite des Gorch-Fock-Walls, etwa auf Höhe der Bushaltestelle.

Lars Haider betrachtet die Figur von Friedrich Barbarossa (Rotbart) auf dem Rathausbalkon.

02 Kaiserfiguren
Die Hoheit und die Lügen

Ob sie schön ist, sei dem Geschmack des Betrachters überlassen. Beeindruckend ist sie aber gewiss: die Fassade des Rathauses. Und voller Symbolik. Das hat viel mit Bürgerstolz zu tun. Und ein wenig mit Lügen und Fälschungen. 111 Meter breit ist die Fassade und 112 Meter ragt der Turm in der Mitte in die Höhe. Dort ist über dem Hamburg-Wappen ein Vogel angebracht: ein Phönix. Symbol dafür, dass Hamburg wie der Sagenvogel nach den Zerstörungen des Großen Brandes von 1842 wieder auferstanden ist. Das Feuer hatte auch das Alte Rathaus niedergebrannt – und es sollte 55 Jahre dauern, bis das neue 1897 endlich eingeweiht werden konnte (siehe Geheimnis 50).

Da Hamburg immer Teil des Deutschen Reiches war, sind entlang der Fassade Skulpturen von 20 Kaisern angebracht. Noch über den Monarchen aber thronen am Mittelturm die Darstellungen der bürgerlichen Tugenden: Weisheit, Eintracht, Tapferkeit und Frömmigkeit. „Das soll die Freiheit der Stadt gegenüber der Krone verdeutlichen – die Hamburger waren sehr stolz darauf, schon im Mittelalter unabhängig von Fürsten oder Bischöfen sich selbst regiert zu haben", sagt Lars Haider, Chefredakteur des Hamburger Abendblatts. Das wurde umso mehr betont, da es mit der Eigenständigkeit Ende des 19. Jahrhunderts nicht mehr so weit her war. Nach der Reichsgründung 1871 und dem Zollanschluss (siehe Geheimnis 7) war die hanseatische Autonomie geringer als je zuvor. Und 1892, als die Hamburger während der Cholera-Epidemie, der über 8000 Menschen zum Opfer fielen, versagt hatten, war sogar diskutiert worden, die Stadt unter preußische Verwaltung zu stellen. „Ernsthaft verfolgt wurde dieser Plan, der zu einem Aufschrei des Entsetzens in Hamburg geführt hatte, dann aber nicht", erläutert Haider.

„Das soll die Freiheit der Stadt gegenüber der Krone verdeutlichen – die Hamburger waren sehr stolz darauf, schon im Mittelalter unabhängig von Fürsten oder Bischöfen sich selbst regiert zu haben."

Doch was hat es nun mit den Fälschungen und Lügen auf sich? Die 20 Kaiserfiguren scheinen auf den ersten Blick ziemlich durcheinander angeordnet zu sein. In der Mitte, über dem Haupteingang, sind links Karl der Große und rechts Friedrich Barbarossa zu sehen. Dann geht es zu den Seiten jeweils in chronologischer Reihenfolge weiter. Von Karl, dem ersten Kaiser (747–814), bis zu Lothar III. (1075–1137); und von Barbarossa (um 1122–1190) bis zu Franz II., dem letzten Kaiser des alten Reiches (1768–1835).

Nun gab es natürlich im Laufe dieser über 1000 Jahre viel mehr Kaiser als nur jene 20. Warum gerade sie gezeigt werden und andere nicht, bleibt wohl ein Rätsel. Dass aber Karl und Friedrich in der Mitte stehen, ist kein Zufall, sondern eine Hamburgensie. Denn im Auftrag des großen Karl soll 811 eine Kirche zwischen Alster und Bille errichtet worden sein. Außerdem eine Burg: die Hammaburg eben. Das ist zwar immer noch oft zu lesen, allerdings mittlerweile als historische Unwahrheit entlarvt. Karl hatte mit der Gründung Hamburgs rein gar nichts zu tun. Das wäre also die erste Unwahrheit.

Barbarossa ist, genau wie Karl, niemals in Hamburg gewesen. Für die Entwicklung der Stadt spielte er aber eine entscheidende Rolle – allerdings ohne sein Wissen. Dabei geht es um den sogenannten Barbarossa-Freibrief, den der Kaiser 1189 ausgestellt haben soll. Das Schriftstück war für Hamburg von unschätzbarem Wert. Es legte fest, dass die Kaufleute entlang der Elbe bis zur Mündung nirgends Zölle zahlen müssen. Außerdem waren die Hamburger nicht mehr zur Heeresfolge verpflichtet, mussten den Kaisern also keine Truppen stellen, und es durften im Umkreis von 15 Kilometern rund um die Stadt keine Burgen gebaut

Die Rathausfassade mit den Kaiserfiguren.

werden. Dieses Dokument, das die Hamburger im 13. Jahrhundert präsentierten, ermöglichte erst den Aufstieg zur Handelsmetropole. „Die lästige Konkurrenz, etwa des flussabwärts gelegenen Stade, wurde so dauerhaft ausgeschaltet", sagt Lars Haider. Das kleine Problem: Es ist eine Fälschung. Die Urkunde wurde (wahrscheinlich 1225) im Auftrag des Hamburger Rates erstellt. Die Legende, die sie sich ausdachten, war, dass der Schauenburger Graf und Stadtherr Adolf III. (1160–1225) den Freibrief aus Dankbarkeit erhalten hatte. Er war mit seinen Truppen dem Kreuzzugsaufruf des Kaisers ins Heilige Land gefolgt, auf dem Barbarossa 1190 ums Leben kam.

Manche Historiker meinen, dass Friedrich tatsächlich die Zusagen für Hamburg gemacht hatte, die Urkunde aber verloren gegangen und deshalb eine neue angefertigt worden sei. Die meisten sind aber überzeugt, dass alles eine Lüge ist. Warum sonst hätte Hamburg erst 35 Jahre später, als alle Beteiligten längst tot waren, plötzlich ein so wichtiges Dokument präsentiert?

Den Erbauern des Rathauses kann man das jedenfalls nicht vorwerfen. „1897 konnte man mit gutem Recht behaupten, dass Karl der Große die Stadt gegründet und Barbarossa ihr einen Freibrief ausgestellt hat", sagt Haider. So schauen die beiden berühmtesten Kaiser des Mittelalters noch immer auf den Rathausmarkt. Und über ihnen steht der Satz: „Libertatem quam peperere maiores digne studeat servare posteritas." Die Freiheit, die errungen die Alten, möge die Nachwelt würdig erhalten.

Dass die 20 Kaiser heute würdig auf den Rathausmarkt blicken, daran ist das Abendblatt übrigens nicht ganz unschuldig. Anfang der 1990er-Jahre waren die Figuren wegen Wind, Wetter und Schadstoffen ziemlich angegriffen. Und die Stadt hatte kein Geld, um sie alle restaurieren zu lassen. Also startete das Abendblatt 1994 eine Hilfsaktion und suchte Sponsoren. „Schon nach wenigen Tagen waren Paten für jeden Kaiser gefunden, obwohl pro Figur 75.000 Mark nötig waren", berichtet Lars Haider. Drei Jahre dauerten die Arbeiten, doch zum 100. Jahrestag der Rathauseröffnung 1997 konnten alle ihren angestammten Platz wieder einnehmen. Das ist – dank der Abendblattleser – wahr. Auch wenn der Hamburg-Bezug von Karl dem Großen und Friedrich Barbarossa nur eine Lüge ist.

Sven Kummereincke

So geht's zu den Kaiserfiguren:

Sie stehen an der Fassade des Rathauses zum Rathausmarkt hin.
Karl der Große und Friedrich Barbarossa sind in der Mitte über dem Haupteingang zu sehen.

Ausgescheuerter Türsturz
Als in den Straßen noch Wasser floss

Manchmal klärt sich beim Blick nach oben so einiges. Das ist auch am Katharinenfleet der Fall. Aufmerksame Betrachter bemerken da nämlich am Türsturz eines Backsteinbaus, ziemlich mittig, eine merkwürdige Ausschabung. Auch an der Unterkante des darüber liegenden, offensichtlich neu eingebauten Fensters kann man es ganz deutlich erkennen: Hier ist ein Stück Mauerwerk herausgewetzt. Eine schlüssige Erklärung findet sich auf den ersten Blick nicht wirklich. Bis man eben nach oben schaut. In luftigen Höhen entdeckt man dann das, was an so vielen Häusern in Hamburg zu sehen ist: einen Lastenaufzug. „Dort wurden die Waren, die mit den Booten gebracht wurden, in den Speicher gehievt", erklärt Archäologe Frank Lehmann, der auch Stadtführungen durch Hamburg anbietet. Die Lasten wurden mit einem Flaschenzug nach oben gezogen. Und der sorgte dafür, dass die Stelle am Türsturz durch den vielen Abrieb quasi ausgeschliffen wurde. Moment mal. Boote? Am Katharinenfleet gibt es doch gar kein Wasser! „Aber vor nicht allzu langer Zeit", sagt Frank Lehmann, „waren viele heutige Straßen noch Wasserstraßen, also Fleete." Daher auch der Name der Straße. „Viele Häuser hatten eine Land- und eine Wasserseite. Und damit gab es ein großartiges Verkehrsnetz auf dem Wasser." Natürlich fuhren nicht die großen Schiffe zu den Lagerhäusern der reichen Kaufleute. „Man hat die Ladungen erst auf Schuten umgeladen und ist dann in die Fleete gefahren", sagt Frank Lehmann.

Es ist deutlich zu erkennen: Hier ist ein Stück Mauer herausgewetzt. Ganz oben ist der Lastenaufzug zu sehen.

Frank Lehmann muss den Arm ganz schön weit strecken, um die Stelle, an der das Seil das Mauerwerk abscheuerte, berühren zu können.

Die Fleete dienten also vornehmlich dem Warenverkehr der stolzen Handelsstadt. Doch nicht nur hierfür wurden die Fleete genutzt, die Bevölkerung verwendete sie auch als Abwasserkanäle, was nicht unbedingt zuträglich für einen angenehmen Geruch und schon gleich gar nicht gesund war – denn das Wasser aus den Fleeten wurde auch entnommen und zum Beispiel zum Bierbrauen verwendet (siehe Geheimnis 39). Mit der sicherlich nicht allzu angenehmen Aufgabe, die Fleete zu reinigen, den Schlick zu entfernen und die Wasserstraßen schiffbar zu halten, waren seit 1555 die „Fleetenkieker" betraut. „Ab dem 18. Jahrhundert verstand man unter Fleetenkieker dann aber Leute, die bei Ebbe in den Fleeten nach verwertbaren Abfällen suchten", erzählt Frank Lehmann. Und seit 1994 hat sich der Verein „De Fleetenkieker – Verein für Umwelt- und Gewässerschutz e.V." der Säuberung der Hamburger Fleete angenommen.

Die Fleete, die es spätestens seit dem 13. Jahrhundert in Hamburg gab, wurden bereits im 19. Jahrhundert teilweise zugeschüttet. „Nach dem großen Brand 1842 und nach dem Zweiten Weltkrieg hat man sie zur Trümmerbeseitigung aufgefüllt", erklärt Frank Lehmann. 1842 verfüllt wurde zum Beispiel das Klosterfleet, das südlich des Alten Walls und vom Mönkedammfleet zum heutigen Rathausmarkt verlief. Das Katharinenfleet wurde 1946, kurz nach dem Zweiten Weltkrieg, zugeschüttet.

„Dass hier früher mal überall Wasser war, kann man sich heute gar nicht mehr vorstellen", sagt Frank Lehmann und blickt sich am Katharinenfleet um. „Heute erinnern nur noch der Name und die Ausscheuerung im Türsturz daran." Und das auch nur, wenn man weiß, was es damit auf sich hat.

Eva-Maria Bast

So geht's zum ausgescheuerten Türsturz:

Das Haus mit dem ausgescheuerten Türsturz steht im Katharinenfleet, kurz bevor dieses mit der Reimerstwiete kreuzt.

Anette Reinders vor der halben Seilscheibe.

04

Seilscheibe
Kunst gegen Kohle

Das Ding ist riesig. Trotzdem fällt es nicht so recht auf. Und obwohl es mitten in der Innenstadt an einer viel befahrenen Straße steht, sagen die meisten Hamburger, wenn sie danach gefragt werden: „Nie gehört." Dabei ist es nicht gerade typisch hamburgisch, was da vor dem Gewerkschaftshaus am Besenbinderhof steht: eine halbe, stählerne Seilscheibe. Seilscheibe? „Ich wusste erst auch nicht, was das ist", sagt die Hamburgerin Anette Reinders. „Aber mein Mann hatte da mal eine Geschichte gehört. Und weil ich Geocachings organisiere und immer auf der Suche nach Objekten bin, habe ich mich schlau gemacht."

Denn was in Westfalen oder im Saarland jedes Kind weiß, ist im Norden eher exotisch. Eine Seilscheibe ist ein Rad, über das ein Seil läuft, um einen Förderkorb zu transportieren. Nichts hat das Ruhrgebiet optisch so geprägt wie die Zechen mit den Seilscheiben an den vielen Fördertürmen. Aber wieso steht eine davon in Hamburg, genauer gesagt: eine halbe?

„Das hat mit Kunst und mit Kohle zu tun", sagt Reinders. Die Geschichte beginnt 1946: In Hamburg herrscht in den ersten Nachkriegsjahren wie in ganz Deutschland bittere Not. Vor allem die Winter sind hart, es gibt nicht genug zu essen und nicht genug Kohle, um zu heizen. „Das galt erst recht für die Theater, denn die hatten keine Priorität", sagt die Hamburgerin. So mussten nicht nur die Zuschauer und Schauspieler frieren, auch die Bühnentechnik machte Probleme. Also blieb den großen Hamburger Bühnen wie der Oper, dem Schauspielhaus und dem Thalia nichts anderes übrig, als zu schließen.

Doch damit mochten sich die Theatermacher nicht abfinden. Der Verwaltungsdirektor des Schauspielhauses, Otto Burmeister,

Riesig und doch unauffällig: die Seilscheibe am Besenbinderhof. Anette Reinders kennt ihre Geschichte.

und der Betriebsratsvorsitzende der Hamburgischen Staatsoper, Karl Rosengart, beschlossen, die streng rationierten Kohlen zu „organisieren". Und die meiste Kohle gab es natürlich im Ruhrgebiet. Die beiden fuhren also mit einem Lkw nach Recklinghausen. Und in der Zeche „König Ludwig" hatten sie offenbar einen überzeugenden Auftritt. „Jedenfalls gab man ihnen reichlich Kohle, auch wenn das streng verboten war, und sie konnten mit ihrem voll beladenen Lkw zurück nach Hamburg fahren", erzählt Anette Reinders. Daraufhin wurden noch viele solcher Touren organisiert – und die Theater in Hamburg konnten wieder öffnen.

Nun waren die Hamburger nicht undankbar, und sie wollten sich bei den Kumpels aus Recklinghausen revanchieren. Also fuhren im nächsten Sommer, am 24. Juni 1947, rund 150 Schauspieler und Musiker in das Ruhrgebiet und spielten für die Arbeiter. Der Hamburger Bürgermeister, der Sozialdemokrat Max Brauer, fand die Idee so gut, dass er gleich mitfuhr.

Zum Auftakt gab es „Figaros Hochzeit". Das Thalia-Ensemble spielte am nächsten Tag ein Lustspiel, „Das verschlossene Haus" und das Schauspielhaus brachte Stücke von Anton Tschechow (1860–1904) und Leo Tolstoi (1828–1910) als „russischen Komödienabend" auf die Bühne. Theater, also so genannte hohe Kunst, für Arbeiter aufzuführen, war 1947 alles andere als selbstverständlich. Die Gesellschaft war noch sehr im Klassendenken verhaftet: hier das Bildungsbürgertum mit entsprechenden Umgangsformen, dort die Arbeiter, vermeintlich un-gebildet. Max Brauer nahm dieses Thema auf,

„Ich kann mir eine andere und neue Art der Festspiele vorstellen. Festspiele nicht nur für Literaten und Auserwählte, sondern Festspiele inmitten der Stätten harter Arbeit. Ja, Festspiele im Kohlenpott vor den Kumpels. Ja, Festspiele statt in Salzburg in Recklinghausen."

als er von der Förderbrücke zur Belegschaft der Zeche sprach: „Ich kann mir eine andere und neue Art der Festspiele vorstellen. Festspiele nicht nur für Literaten und Auserwählte, sondern Festspiele inmitten der Stätten harter Arbeit. Ja, Festspiele im Kohlenpott vor den Kumpels. Ja, Festspiele statt in Salzburg in Recklinghausen."

Die kulturelle Saat, die Hamburg in Recklinghausen auslegte, ging rasch auf. Denn aus dem Gastspiel aus Dankbarkeit, aus „Kunst für Kohle", wurden die heute so renommierten Ruhrfestspiele. Und die speziellen Kontakte nach Hamburg blieben über die Jahre erhalten.

Die Zeche „König Ludwig" musste wegen der Stahl- und Kohlekrise wie so viele andere schließen – 1965 war das. 1978 hatte auch die angeschlossene Kokerei keine Zukunft mehr. „Doch die Seilscheibe wurde nicht verschrottet, sondern geteilt", sagt Anette Reinders. Eine Hälfte steht in Recklinghausen, die andere wurde nach Hamburg gebracht und am 22. Juni 1984 aufgestellt. „Auch in der Zeit großer Not wurde an dem Gedanken festgehalten, dass Kunst und Kultur für die Identität eines Volkes von zentraler Bedeutung sind", sagte damals Hamburgs Kultursenatorin Helga Schuchardt. Eine Bergmannskapelle war aus Recklinghausen mitgekommen, wie sich Hans Saalfeld, der damalige Chef des Deutschen Gewerkschaftsbundes in Hamburg, erinnert. Seitdem steht die halbe Seilscheibe am Besenbinderhof und erinnert an eine Zeit, als „Kunst für Kohle" noch frei von Doppeldeutigkeiten war.

Sven Kummereincke

So geht's zur Seilscheibe:

Südlich vom Hauptbahnhof steht das Museum für Kunst und Gewerbe, wenn man linker Hand vorbeigeht, stößt man direkt auf das Gewerkschaftshaus am Besenbinderhof. Die Seilscheibe steht direkt davor.

Die Kachel über dem Eingang des Alten Elbtunnels.

05

Relief im Alten Elbtunnel
Die wartende Braut des Erbauers

Der Besuch des Alten Elbtunnels ist an sich schon ein Erlebnis und die Fahrt mit den gewaltigen Aufzügen hinab ins Dunkel lohnt. Drunten fühlt man sich wie in einer anderen Welt: Geschäftiges Treiben herrscht hier, Menschen, Radfahrer und Autos drängen hindurch, Polizisten sorgen dann und wann für Ordnung. „Achtung Auto", ertönt zum Beispiel ein Ruf der Beamten, oder „bitte absteigen" in Richtung der Radfahrer. So faszinierend ist der dunkle, lange Gang, so beeindruckend die Vielzahl der Menschen, dass man die glasierte Reliefkachel, die über dem Eingang des Tunnels hängt, leicht übersieht. „Dabei", sagt Stephanie Fleischer, Archivpädagogin des Staatsarchivs Hamburg, „ist sie äußerst bedeutend, denn sie kündet davon, mit wie viel Entbehrungen und Gefahren der Bau des Alten Elbtunnels verbunden war."

Die Kachel zeige den für den Tunnelbau verantwortlichen Bauingenieur Otto Stockhausen und seine Braut, die Pfarrerstochter Elisabeth Banten, erzählt sie. Die Abbildung auf der Kachel ist interessant: Die beiden kauern augenscheinlich in einem Tunnel und reichen sich über einen großen Berg hinweg, der den Tunnel fast ausfüllt, die Hände. Das, sagt Stephanie Fleischer, habe eine starke Symbolkraft: Otto Stockhausen sei noch sehr jung, erst 29 Jahre alt, gewesen, als die Arbeiten begannen. „Und er war sehr ehrgeizig, denn es war ein phänomenales Projekt, der erste Unterwassertunnel Deutschlands." 1907, in dem Jahr, in dem der Tunnelbau begann, sei Stockhausen eigens nach New York gereist, um sich mit den amerikanischen Ingenieuren zu beraten. „Und seine Hochzeit hat er immer wieder verschoben, weil die Bauarbeiten so extrem gefährlich waren."

Otto Stockhausen fürchtete anscheinend, seine Gattin schnell zur Witwe zu machen. „Die Bauarbeiter hatten aufgrund der Tiefe mit der Taucherkrankheit zu kämpfen und auch mit der Pressluft, die man brauchte, um die Wassermassen draußen zu halten. Man hatte damals noch nicht viel Erfahrung auf diesem Gebiet."

Stephanie Fleischer steht auf dem Balkon gegenüber der Reliefkachel.

Drei Bauarbeiter starben an der Taucherkrankheit, zwei verunglückten, 800 erkrankten an den Folgen der harten Arbeit unter Tage. Und 1909 kam es zu einem Unglück in der Oströhre. „Erde und Wasser drangen in den Tunnel, über der Elbe schoss eine Wasserfontäne in die Höhe. Man befürchtete schon, dass der Tunnel einstürzen würde", beschreibt Stephanie Fleischer. Wie durch ein Wunder wurde niemand verletzt, doch diese Episode, sagt die Archivpädagogin, unterstreiche nochmals, wie gefährlich die Arbeiten waren. Aber trotz der Gefahren habe man keinen Arbeitermangel gehabt. Die 4400 Männer seien reich entlohnt worden. Und man habe auch bestmögliche Vorkehrungen getroffen. Der Arzt des Hafenkrankenhauses war verantwortlich und das jüdische Ärztepaar Bornheim war ebenfalls vor Ort und forschte zum Thema Ausschleusungszeiten. „Leider wurden diese Ergebnisse von der Öffentlichkeit nicht wahrgenommen", bedauert Stephanie Fleischer. „Die europäischen Nachbarn waren nicht sonderlich an Erkenntnissen aus Deutschland interessiert und in Deutschland sind die arbeitsmedizinischen Studien der Bornheims aufgrund ihrer jüdischen Herkunft in Vergessenheit geraten."

„Es war ein phänomenales Projekt, der erste Unterwassertunnel Deutschlands."

Die Bauarbeiten an dem 427 Meter langen Tunnel waren nicht nur gefährlich, sie waren auch teuer. „Man hat Stück für Stück riesige Stahlringe in den Bauschacht geschoben, um ihn zu stützen, das war unendlich viel Material", sagt Fleischer. „Der Tunnel hat nicht zuletzt deshalb zehn Millionen Goldmark gekostet." Teuer – und gleichzeitig eine Sensation – waren auch die riesigen Aufzüge. „Man hatte damals ja noch Fuhrwerke mit Pferden und die können eine gewisse Steigung nicht bewältigen. Deshalb hätten die Rampen gigantisch lang sein müssen", erklärt die Museumspädagogin. Also fuhren auch die Pferde mit dem Aufzug.

Zurück zu dem Mann, der das alles verantwortete: Otto Stockhausen. Er war selbst einmal von der Taucherkrankheit befallen, gesundete aber in den Ausschleusungskammern, in denen die Druckverhältnisse angepasst wurden. „Bei der Taucherkrankheit sammelt sich viel Stickstoff im Körper an und es kann zu Embolien kommen", erklärt Fleischer. Für den jungen Stockhausen war das ein weiterer Grund, mit der Hochzeit lieber noch zu warten, bis der Tunnel fertig gebaut war.

Und so symbolisiert der Berg, der Stockhausen und seine Braut trennt, den Berg von Sorgen und Arbeit, der zwischen ihnen stand. Warum die beiden in einem Tunnel kauern, ist unschwer zu erraten. Doch über dem Berg von Arbeit und unter der Tunneldecke reichten sie sich dann doch noch die Hände. Und sie heirateten auch, kaum, dass der Tunnelbau vollendet war. Den beiden war allerdings nicht lange Glück beschieden: Otto Stockhausen fiel bereits 1914 im ersten Jahr des Ersten Weltkriegs (1914–1918), drei Jahre nach Vollendung des Tunnels. „Eine traurige Liebesgeschichte", findet Stephanie Fleischer. „Und irgendwie gibt sie dem Tunnel etwas Romantisches. Vor allem wenn man bedenkt, wie viele Liebespaare hier durchfahren."

Ob die die Kachel, wenn sie sie denn entdecken, wohl eher als gutes oder eher als schlechtes Omen werten?

Eva-Maria Bast

So geht's zum Relief:

Die Reliefkachel hängt über dem Eingang zur Tunnelröhre. Diese erreicht man über die Eingangshalle im Kuppelbau bei den Landungsbrücken. Man muss mit dem Aufzug nach unten fahren, um zum Alten Elbtunnel und zur Kachel zu gelangen.

Die „Rickmer Rickmers" liegt an den Landungsbrücken – direkt vor dem Portugiesenviertel.

Rickmer Rickmers
Wie die Marmelade nach Deutschland kam

Wenn man an den Landungsbrücken direkt am Wasser steht und landwärts auf den Bug des alten Segelschiffs „Rickmer Rickmers" mit der Ditmar-Koel-Straße im Hintergrund schaut, dann ist das natürlich ein Blick ins pralle Hamburg. Aber auch einer nach Portugal. Und das hat mit allen dreien zu tun: dem Schiff, seinem Ankerplatz und der Straße. Und mit Marmelade.

Die „Rickmer Rickmers" wurde 1896 in Bremerhaven gebaut und nach dem Enkel des Reeders benannt (1893–1974). Bei Ausbruch des

Ersten Weltkrieges im August 1914 ging sie vor den Azoren vor Anker und wurde 1916 von den Portugiesen beschlagnahmt. Sie diente von 1924 bis 1962 als Segelschulschiff der Marine. 1983 kam sie als Museumsschiff nach Hamburg.

Direkt hinter der „Rickmer Rickmers" beginnt an der Ditmar-Koel-Straße (der Namensgeber, 1500–1563, war Bürgermeister) das Portugiesenviertel. Das bei Kneipengängern beliebte Quartier heißt so, seit in den 60er- und 70er-Jahren des 20. Jahrhunderts viele Portugiesen als Gastarbeiter nach Hamburg kamen und sich dort niederließen.

Dort schließlich, wo das Schiff heute liegt, war im 16. Jahrhundert eine der Haupt-Anlegestellen für die Schiffe, die Hamburg anliefen. Und bereits damals kamen die ersten portugiesischen Auswanderer in die Hansestadt. Es waren weniger die Portugiesen, die damals dankbar sein mussten – sondern die Hamburger! Denn es handelte sich wahrlich nicht um Armutsflüchtlinge, die ab 1572 in Hamburg ankamen. „Die meisten waren hochgebildete Ärzte und Kaufleute", sagt Michael Studemund-Halevy, ein Sprachwissenschaftler und Autor Dutzender Bücher über jüdische Geschichte. Die Portugiesen brachten nicht nur Geld mit, sondern vor allem Know-how und allerbeste Kontakte. Im 16. Jahrhundert war Lissabon das „Tor zur Welt", Portugal hatte Handelsstützpunkte und Kolonien in Afrika, Indien, China und Südamerika, das Land erlebte sein Goldenes Zeitalter. Damit war es vorbei, als Philipp II. von Spanien (1527–1598) den Nachbarn 1580 besiegte und seinem Reich einverleibte. „Vor allem die Juden machten sich Sorgen, auch wenn sie offiziell zum Katholizismus konvertiert waren", erzählt Studemund-Halevy. Denn mit den Spaniern kam auch die Inquisition.

Viele entschlossen sich zur Auswanderung. Und weil sie offiziell Katholiken waren, konnten sie auch problemlos in die Hansestadt einreisen. „Juden wurden nämlich in Hamburg damals nicht geduldet", sagt Studemund-Halevy. Natürlich wussten die einflussreichen Hamburger, dass es sich bei den Einwanderern in Wahrheit um Juden handelte, doch die Wirtschaft lahmte und brauchte dringend Impulse – und das Geschäft war den Hamburger Kaufleuten schon immer sehr viel wichtiger als politische oder religiöse Überzeugungen. Nur der stockkonservative lutherische Klerus wütete und war sich nicht sicher, was eigentlich schlimmer sei: Juden oder Katholiken?

Die neue portugiesische Gemeinde gewann rasch an Einfluss. Die Südeuropäer gründeten Handelshäuser und Banken und sorgten für einen Wirtschaftsboom. Der wohl bedeutendste der Neu-Hamburger war der schwerreiche Senior Teixeira (1581–1666), der sich am Karfreitag 1647 in Hamburg beschneiden ließ und den Namen Abraham annahm, was für große Aufregung sorgte und zu einen Prozess vor dem Reichsgericht führte (siehe Geheimnis 49). Hamburg, das nach dem Niedergang der Hanse schwere Zeiten durchmachte, war dank der Portugiesen nun jedenfalls an den Überseehandel angeschlossen. „Der Hafen erlebte einen großen Aufschwung, die Zahl der einlaufenden Schiffe stieg kontinuierlich", erläutert Studemund-Halevy.

Begehrte Kolonialwaren wie Gewürze, Kaffee und Kakao erreichten nun die Stadt. Doch auch vermeintlich weniger spektakuläre Güter kamen nach Hamburg. Aus Portugal wurde zum Beispiel Quitten-Marmelade eingeführt. Quitten gab es damals nur in Südeuropa, und Süßspeisen waren extrem begehrt, denn Zucker war in jenen Tagen „weißes Gold": ein aus Zuckerrohr in der Karibik gewonnener, sehr teurer Stoff. In Europa war Honig jahrhundertelang das einzig verfügbare – und ebenfalls teure – Süßungsmittel. Und so brachten die Portugiesen vor allem den Senatoren die Marmelade als Geschenk mit, was sicherlich nicht zu ihrem Nachteil war.

Der Eindruck muss jedenfalls nachhaltig gewesen sein, denn der Name wurde von den Hamburgern übernommen: Aus der portugiesischen „Marmelada" wurde die deutsche Marmelade. Schon bald setzte sich der Begriff von Hamburg aus in ganz Deutschland durch. Die Quitte war nicht ganz so erfolgreich – sie konnte mit Erdbeere und Kirsche auf Dauer nicht mithalten.

Sven Kummereincke

So geht's zu Rickmer Rickmers:

Direkt an der U-Bahnstation Landungsbrücken liegt die „Rickmer Rickmers".

07

Jahreszahl
20.000 Bürger wurden vertrieben

Wenn die Menschen, die hier einst wohnten, geahnt hätten, was für ein Schicksal ihnen einmal blühen wird, hätten sie sich vielleicht anderswo niedergelassen – sofern sie überhaupt eine Wahl hatten. Rund 20.000 Hamburger lebten im 19. Jahrhundert in der heutigen Speicherstadt und wurden dann vertrieben. Ihre Nachfahren mögen noch leben, ihr Schicksal ist weitgehend vergessen. Ein Denkmal oder eher ein Mahnmal gibt es noch, doch wer sie bemerkt, die große Jahreszahl 1888, ahnt wohl nicht, dass sie auch an die Menschen erinnert, die hier einst lebten. Wie es zu der Vertreibung kam?

„Als das Kaiserreich 1871 gegründet wurde, gehörten nicht alle Staaten gleich der Zollunion an", erzählt Hamburg-Kennerin Katja Nicklaus. „Hamburg und Bremen hatten Zollfreiheit. Für Hamburg heißt das, dass fast das gesamte städtische Gebiet zollfrei war." Ein ungemeiner Vorteil für die Kaufleute! „Doch dann hat Bismarck auf den Zollanschluss gedrängt, denn ohne ein einheitliches Zollgebiet machte die Zollunion nicht wirklich Sinn", erläutert Nicklaus. Die Hanseaten waren davon natürlich überhaupt nicht begeistert und weigerten sich. Doch Reichskanzler Otto von Bismarck (1815–1898) verstand es, Druck auf die Hamburger auszuüben: „Altona gehörte damals zu Preußen. Also konnte Bismarck leicht damit drohen, die Elbe dichtzumachen, sodass kein einziges Schiff mehr Hamburg erreicht. Das war natürlich ein enormes Druckmittel", sagt Nicklaus.

Die Jahreszahl 1888 ist nicht dem Dreikaiserjahr gewidmet sondern den Vertriebenen.

Katja Nicklaus ist betroffen von der Geschichte, die hinter dieser Jahreszahl steht.

1883 wurde der Zollanschluss also beschlossen – „mit dem Kompromiss, dass ein Teil der Stadt zum Zollausland erklärt und ein Freihafengebiet geschaffen wird: die heutige Speicherstadt und das Gebiet südlich der Elbe." Nun war das Gebiet der Speicherstadt aber kein Niemandsland. „Rund 20.000 Menschen lebten dort, hatten hier ihre Lebensgrundlage, ihre Existenz. Und dann hieß es: Wir reißen alles ab, im Zollausland darf niemand wohnen. Die Bürger wurden vertrieben und nicht entschädigt", erzählt die Hamburgerin. Viele der Menschen, die ihre Existenz verloren, mussten nun in die einstigen Gängeviertel ziehen, in denen die Ärmsten der Armen wohnten. „Und dann wurde die Speicherstadt gebaut, der größte Lagerhauskomplex der Welt." Der Bau dauerte, da die Maßnahmen vom Ersten Weltkrieg unterbrochen wurden, bis 1927.

Und die Jahreszahl? „1888 kam der Kaiser nach Hamburg und hat den Zollanschluss vollzogen", sagt Katja Nicklaus. Das war dann Wilhelm II.. Geschichtskundigen wird die Zahl noch aus anderem Grund bekannt vorkommen: 1888 war auch das Dreikaiserjahr und die Zeiten dementsprechend wirr: Wilhelm I. starb am 9. März, nun stieg sein Sohn Friedrich Wilhelm als Friedrich III. auf den Thron, doch der war an Kehlkopfkrebs erkrankt und starb, nachdem er 99 Tage regiert hatte, am 15. Juni in Potsdam. Noch am gleichen Tag wurde sein Sohn Friedrich Wilhelm als Wilhelm II. Deutscher Kaiser und König von Preußen.

Doch daran soll die Jahreszahl eben nicht erinnern – sondern an den Zollanschluss und damit verbunden auch an die 20.000 Menschen, die durch die Hamburger Sonderregelung ihre Heimat verloren.

Eva-Maria Bast

So geht's zur Jahreszahl:

Die Jahreszahl befindet sich am Sandtorkai Nr. 36. Man kann sie besonders gut von der Fußgängerbrücke aus sehen, die über das Brooksfleet und den Sandtorkai führt.

Hans-Joachim Hoch im neu entdeckten Ankleidezimmer.

08

Einstiegshäuschen
Der Abstieg des Kaisers

Es ist ein kleines Häuschen, nicht viel größer als eine Litfaßsäule. Aber es hat ein richtiges Dach und eine Eingangstür. Und ein Schild erklärt auch, wozu das Gebäudchen am Baumwall direkt am Hafen dient: Es ist ein Einstieg in die Hamburger Kanalisation. Zu verdanken hat das die Stadt einem englischen Ingenieur. William Lindley (1808–1900) hat ab 1840 die Pläne erarbeitet, nach denen Hamburg als erste kontinentaleuropäische Stadt eine unterirdische Abwasserentsorgung erhielt. „Wir haben Lindley aber auch zu verdanken, dass wir ein Geheimnis lüften konnten", sagt Hans-Joachim Hoch. Der Baubezirksmeister der Hamburger Wasserwerke von Hamburg Wasser strahlt, wenn er die Geschichte erzählt. „Gleich neben dem Einstiegshäuschen stand ein Denkmal für Lindley", erläutert er. Als nun im Zuge von Straßenbaumaßnahmen Routinearbeiten an dem alten Siel anstanden, musste das Denkmal versetzt werden, um eine Fundamentgrube auszuheben. Dabei stießen die Arbeiter auf einen Hohlraum. „Ich bin wie ein Abenteurer mit der Leiter in das Gewölbe hinabgestiegen. Das Schlammwasser stand knöcheltief in dem Ankleidezimmer, aber meine Augen leuchteten", sagt Hans-Joachim Hoch feierlich. Er vergrub sich – nein, nicht im Schlamm, sondern, nachdem er aus diesem wieder aufgetaucht war – im Hamburgischen Staatsarchiv und: fand nach Tagen einen Bauplan aus dem Jahr 1903. Darin ist das Gewölbe als „Ankleidezimmer" vermerkt.

Für wen dieser Raum gedacht war, das wusste Hoch sofort: Für Kaiser Wilhelm II. (1859–1941). Denn das hübsche Einstiegshäuschen war nicht für die Arbeiter errichtet worden – dann hätte es auch eine Luke getan –, sondern für den Kaiser, der von jeglicher modernen Technik fasziniert war. Es ist bekannt, dass sich Wilhelm bei einem seiner regelmäßigen Hamburg-Besuche auch die hochgelobte Kanalisation anschauen wollte. Deshalb wurde eine Bootsfahrt durch die großen ummauerten Kanäle organisiert. Und weil der Hohenzoller wohl kaum in seiner Gala-Uniform in die Kloaken hinabsteigen wollte, hat man eben extra ein „Ankleidezimmer" gebaut. Knapp sechs Quadratmeter, schlauchartig, mit glasierten Fliesen verkleidet. Der Raum wurde später aus unbekannten Gründen zugemauert und vergessen.

„Ich bin wie ein Abenteurer mit der Leiter in das Gewölbe hinabgestiegen. Das Schlammwasser stand knöcheltief in dem Ankleidezimmer, aber meine Augen leuchteten."

Das „Kuhmühlen-Stammsiel", wie dieser Teil der Kanalisation heißt, wurde gebaut, um die damals schnell wachsenden Vorstädte Eppendorf und die Uhlenhorst an das bestehende Sielnetz anzuschließen. Gleichzeitig vollendete es den vorläufigen Ausbau der Hamburger Kanalisation nach der Idee Lindleys.

Ob die Bootsfahrt mit dem Kaiser im September 1904 wirklich stattfand, ist nicht belegt. Die Hamburger Zeitungen berichteten ausführlich über den dreitägigen Besuch Wilhelms, seine Aufsicht über das große Herbstmanöver der Marine im Hafen und einen Besuch im Schauspielhaus mit seiner Frau Viktoria. Nur von einer Sielbesichtigung findet sich nichts.

„Die plausibelste Theorie ist, dass die Bootsfahrt aus terminlichen Gründen zunächst abgesagt wurde", meint Hoch. Am 8. Dezember 1904 wurde das Stammsiel offiziell eröffnet. Möglicherweise holte der technikbegeisterte Kaiser die Bootsfahrt später nach. Wilhelm II. bereiste Hamburg bis zum Ersten Weltkrieg noch mehrere Male, etwa zum Durchschlag der ersten Elbtunnel-Röhre (siehe Geheimnis 5).

Mehrere Journalisten beschrieben in den Jahren nach der Fertigstellung Bootsfahrten durch die Kanalisation, möglicherweise war das Ankleidezimmer jetzt auch für nichtadelige Hamburger freigegeben. „Leider gibt es keine Aufzeichnungen, wie das Zimmer damals genau eingerichtet war", sagt Hans-Joachim Hoch. Aber dass der sehr standesbewusste Kaiser sich nicht zu fein war, eine Bootstour durch die Hinterlassenschaften seiner Untertanen zu machen, das wissen wir genau.

Das Einstiegshäuschen zur Kanalisation am Baumwall.

Sven Kummereincke

So geht's zum Einstiegshäuschen:

Es befindet sich in der Straße Baumwall bei der gleichnamigen U-Bahn-Station.

Rätselhafter Schriftzug
Ein Schild kündet von der Vergangenheit

Merkwürdig! Direkt an der Trostbrücke hängt an einem Gebäude ein Schild, auf dem, in Stein gemeißelt: „BUS" steht. Und keiner der Passanten weiß, warum das dort steht. „Vielleicht eine mittelalterliche Bushaltestelle", witzelt einer, „denn die Schilder von modernen Bushaltestellen sehen anders aus."

In der Tat drängt sich der Verdacht auf, dass man hier lange – und umsonst – auf einen Bus warten würde.

Bei ausgiebiger Betrachtung bemerkt man, dass sich auf dem Steinschild noch weitere Buchstaben befinden: L, O und G. Setzt man diese nun zusammen, kommt man auf spannende Wortkreationen wie Logbus oder Busgol. Das ergibt keinen Sinn. Der berühmte Groschen fällt erst, wenn man auch die anderen am Haus angebrachten Schriftzüge nicht außer Acht lässt. Da wirbt, unter der Allianz, zum Beispiel die Globus-Versicherung für sich. Und damit ist es klar: Auf dem Stein steht nichts anderes als Globus, wobei die letzten drei Buchstaben nebeneinander stehen und die ersten drei ineinandergeschlungen sind.

Was es aber mit dieser Globus-Versicherung auf sich hat, ist auch nicht ganz einfach herauszubekommen. Bei der Suche in den Archiven finden sich nur Anmerkungen zum Gebäude, das „Globushof" heißt. Da erfährt der interessierte Leser zum Beispiel, dass das Haus 1907/08 unter der Leitung der Architekten Lundt & Kalimorgen errichtet wurde und dass die Fassaden Vorbildern aus der „norddeutschen Bürgerhausarchitektur der Renaissance und des Barock mit ihrem typischen Zweiklang von Backstein und Sandstein" folgen. Und dann ein Hinweis auf die Versicherung: „Auffällig ist die Bekrönung der Giebel mit Schiffsskulpturen aus Kupfer. Zu ihnen gesellte sich ursprünglich noch eine Atlantengruppe mit einem Globus, die auf dem Dach postiert war und auf den Gebäudenutzer, nämlich die Globus-Versicherung, anspielte", schreibt Ralf Lange in seinem Architekturführer.

Der Schriftzug links oben im Eck gibt Rätsel auf.

Informationen zur Globus-Versicherung finden sich schließlich im Firmenhistorischen Archiv der Allianz. Die Historikerin der Versicherung, Barbara Eggenkämper, berichtet, dass sich am 28. Juli 1885 eine Hanseatische Seeversicherungs-Gesellschaft gegründet habe. „1905 fusioniert die Hanseatische mit der Neuen VIII. Assecuranz-Compagnie zur Globus Versicherungs-AG, zwei Jahre später wird dann der Firmensitz, der Globushof an der Trostbrücke, fertiggestellt." 1919 lässt sich auch eine Zweigstelle der Allianz in Hamburg nieder und zieht in den Globushof ein, um im Frühjahr 1921 die Globus-Aktien und auch deren 250 Vertreter und 120 Innendienstmitarbeiter zu übernehmen. Die internationalen Seetransportversicherungen von Globus boten eine gute Ergänzung zum eigenen Transportgeschäft. Ab diesem Zeitpunkt spezialisierte sich Globus auf das Hamburger Seeplatzgeschäft und ergänzte damit die Geschäftszweige der Allianz, wie die Unfall-, Haftpflicht-, Transport- und Maschinenversicherung.

Durch Luftangriffe im Zweiten Weltkrieg (1939–1945) fing der Globushof 1943 Feuer. „Nach der erfolgreichen Löschung ging die Arbeit aber weiter", sagt Eggenkämper. Zumindest bis zu erneuten Luftangriffen 1944, anschließend musste die Arbeit bis Kriegsende ruhen. Danach wuchs die Versicherung stark an: 1952 wurden bereits Abteilungen ausgelagert, 1967 mit dem Neubau am Großen Burstah begonnen, in den die Allianz 1970 einzog und hier ihre Geschäfte führte, bis sie im Jahr 2007 sowohl den Globushof als auch die Gebäude am Großen Burstah verkaufte und an den Kapstadtring umzog.

Wer die Allianz- oder die Globus-Versicherungen, deren Schilder immer noch an der Trostbrücke angebracht sind, hier sucht, wird also ebenso wenig erfolgreich sein wie der, der auf den Bus wartet.

Eva-Maria Bast

So geht's zum rätselhaften Schriftzug:

Das steinerne Schild befindet sich an der Trostbrücke 2 und ist von der Trostbrücke aus zu sehen.

Ingrid Schwarze steht an der Hein-Hoyer-Straße, im Hintergrund ist zwischen zwei Fenstern im ersten Stock eine Wandrosette zu sehen.

10

Wandrosetten
Praktisches kann auch schön sein

Der Reiz, der von Altbauten ausgeht, besteht ja vor allem darin, dass sie nicht nur der Zweckdienlichkeit verpflichtet sind. Es sind der Stuck und die kleinen Bögen, die Figuren und die Simse: all das schöne Zierwerk, das bei Neubauten meist dem Kostendruck zum Opfer fällt. Wer durch Hamburg geht und sich die alten Wohnhäuser in Eppendorf, Eimsbüttel oder St. Pauli ansieht, wird dabei ein Detail entdecken, das immer wiederkehrt: eine kleine Wandrosette. „Irgendwann sind mir diese Rosetten aufgefallen, und ich dachte mir, das kann doch kein Zufall sein, dass die immer gleich aussehen", sagt Ingrid Schwarze. „Meine Neugier war geweckt."

Sie sind zwischen zehn und 20 Zentimeter im Durchmesser, meist sternförmig, und sie haben einen gusseisernen Bolzen mit einer Öffnung: eine merkwürdige Verzierung. „In manchen Straßen gibt es besonders viele, etwa in der Hein-Hoyer-Straße auf St. Pauli", sagt

41

Schwarze, die sich in ihrer Freizeit gern mit Hamburgensien beschäftigt. Das muss doch einen Zweck haben, dachte sie. Aufgeklärt wurde sie dann von ihrem Sohn, der sich seit Kindertagen für die Straßenbahn begeistert: Es sind „Oberleitungsrosetten", an denen die elektrischen Leitungen für die Straßenbahn befestigt waren. Das geschah vor allem in engen Straßen, in denen kein Platz für Masten war. Und weil viele Bürger Ende des 19. und Anfang des 20. Jahrhunderts die Leitungen als hässlich empfanden, wurden die Wandrosetten besonders schön gestaltet. „Die letzte Straßenbahn fuhr in Hamburg bis 1978, die Schienen sind beinahe nirgends mehr zu sehen. Daher sind die Rosetten fast das letzte Relikt der Straßenbahn in der Stadt", erzählt Ingrid Schwarze.

Ab 1894 wurden diese Rosetten in der Hein-Hoyer-Straße angebracht.

In der Hein-Hoyer-Straße gibt es noch 16 der alten Rosetten – sie erzählen von einer 70-jährigen Straßenbahngeschichte. Begonnen hatte hier alles 1891 mit der Pferdebahn, die von der Davidstraße bis zum Schlump fuhr. Schon drei Jahre später wurde die „Elektrische" gebaut und die ersten Wandrosetten angebracht. Ab 1900 fuhr die Linie 23, ab 1922 dann die Linie 14 (Süderstraße-Eppendorf) durch die Hein-Hoyer-Straße.

Nach dem Zweiten Weltkrieg ging es mit der Straßenbahn bergab: Die U-Bahn und vor allem der Autoverkehr verdrängten die „Tram". 1967 wurde auch die Linie 14 schließlich aufgegeben. Die Wandrosetten aber haben bis heute eine treue Fan-Gemeinde. „Ich habe Hunderte fotografiert", erzählt Schwarze, die sogar ein kleines Fotobuch daraus gemacht hat. „Ich kann gar kein Haus mehr ansehen, ohne zuerst nach Rosetten zu suchen."

Sven Kummereincke

So geht's zu den Wandrosetten:

Die Hein-Hoyer-Straße geht direkt von der Reeperbahn in nördlicher Richtung ab. Rosetten gibt es an den Hausnummern 3, 8, 9, 10, 11, 12, 14, 24, 38, 50, 53, 57, 65, 66, 75 und 78.

Hans Uwe Seib zeigt das alte Gleis, auf dem in seiner Kindheit die Industriebahn fuhr.

11

Altes Gleis
Industrie als Abenteuerspielplatz

Die „Fabrik" kennt jeder Hamburger. Seit 40 Jahren ist die alte Industriehalle in Ottensen fester Bestandteil des Musiklebens und für viele der schönste Konzertraum der Stadt. Was die meisten Konzertgänger übersehen: Nur ein paar Meter vom Haupteingang entfernt findet sich eines der wenigen erhaltenen Relikte aus der Zeit, als Ottensen ein Arbeiter- und Industrieviertel war. Und im Gegensatz zu heute so unbeliebt, dass „dort ohnehin nur wohnt, wer aus Berufsinteressen dazu genötigt ist", wie der Magistrat der Stadt Altona 1898 befand. Das Relikt aus diesen Zeiten ist eine Bahnschiene. Eine, die bei Hans-Uwe Seib ganz besondere Gefühle auslöst. Denn in ihr spiegelt sich seine Kindheit wider. „Eine Kindheit in den Trümmern der Stadt – aber eine sehr glückliche."

Die leicht zu übersehende Bahnschiene war Teil eines Netzes, das sich durch den ganzen Stadtteil zog: die Ottensener Industriebahn. Geplant wurde sie in den 90er-Jahren des 19. Jahrhunderts, als der immer größer werdende Lieferverkehr für die aufstrebende Industrie von den Pferdefuhrwerken nicht mehr bewältigt werden konnte – und Automobile noch nichts weiter waren als eine ziemlich verrückte Idee. Also wurden Gleise verlegt und Waggons angeschafft. Zur Einweihung der Bahn 1899 wurden die Wagen noch von Pferden gezogen, doch bereits 1904 lösten Lokomotiven die unterlegenen Vierbeiner ab.

Das alte Gleis ist leicht zu übersehen.

Die Abgase machten schon damals einigen Altonaern Sorgen. Frühe Umweltschützer gründeten eine Bürgerinitiative – auch wenn man das damals noch nicht so nannte – und sammelten Unterschriften. Vergebens. Der Magistrat meinte, dass all die Betriebe schon so viel Rauch aus ihren Schornsteinen bliesen, da käme es auf die paar Lokomotiven auch nicht mehr an. Generationen von Hausfrauen, die ihre saubere Wäsche zum Trocknen raushängten und sie manchmal verrußt wieder reinholen mussten, sahen das allerdings anders ...

Das Streckennetz wurde rasch immer weiter ausgebaut, bis es 1956 schließlich 27,7 Kilometer umfasste. Mehr als 50 Firmen hatten Gleisanschluss und trugen zum Wirtschaftswunder bei. Damit einher ging die Motorisierung: Immer mehr Autos und Lastwagen fuhren durch die Straßen, die Bahn verlor an Bedeutung. Schon in den 1960er-Jahren ging es mit der Industriebahn bergab, 1981 wurde der Betrieb schließlich ganz eingestellt.

Als Hans-Uwe Seib die Bahn lieben lernte, war vom Wirtschaftswunder oder gar von Lkw-verstopften Straßen noch nichts zu spüren. Es war 1946, eine Zeit der Entbehrungen, die der damals Siebenjährige aber nicht so empfunden hat, obwohl sein Zuhause ein Barackenlager war. „Für uns war es ein riesiger Abenteuerspielplatz und die Bahn die größte Attraktion", erzählt er. Immer wenn ein Zug kam, sind die Kinder neben ihm hergelaufen. „Bis wir völlig aus der Puste waren", sagt Seib schmunzelnd. Nur aufzuspringen, das haben sie sich nicht getraut. „Das war etwas für die Erwachsenen", erinnert sich der Ottensener. Aber nicht bei der Schmalspurbahn, sondern auf der Fernbahnlinie – zum Kohlenklauen. Die Zugführer kannten die Not der frierenden Bevölkerung und einige fuhren extra langsam. Dann sprangen die Leute auf, schaufelten so viele Kohlen wie möglich runter, sprangen wieder ab und sammelten sie mühsam ein. „Aber da durfte ich nie mit, ich war noch zu klein", sagt Hans-Uwe Seib.

„Für uns war es ein riesiger Abenteuerspielplatz und die Bahn die größte Attraktion."

Er hat damals mit Mutter und Großmutter in dem Barackenlager gewohnt. Eines der Häuschen steht auch heute noch: Wer dem kleinen Weg mit den alten Schienen folgt, sieht es gleich auf der linken Seite. Inzwischen ist dort eine Kindertagesstätte untergebracht. Der Garten ist ein bisschen verwildert, und ein paar Schritte weiter befindet sich ein Bauwagendorf als alternatives Wohnprojekt. Mitten in der Großstadt eine grüne Oase, in der man sich vorkommt, als hätte man eine Zeitreise gemacht.

Sven Kummereincke

So geht's zum alten Gleis:

Wenn man vorm Haupteingang des Kulturzentrums „Fabrik" an der Barnerstraße steht, führt links ein kleiner Weg weiter. Nach wenigen Metern liegen die alten Schienen direkt auf dem Pfad.

Polen-Schriftzug
Maurer setzten sich ein Denkmal

Sie wollten zeigen, dass sie da waren. Ein Zeichen setzen. Das ist ihnen auch gelungen. Und wie. Millionen von Menschen gehen unter dem hindurch, was sie den Hamburgern als Erinnerung hinterließen. Und Millionen von Menschen bemerken es nicht. Kein Wunder, denn wie soll man etwas bemerken, das man sehr genau und sehr lange anstarren muss – und das auch noch bei der richtigen Witterung und idealem Lichteinfall – um es wenigstens zu erahnen? Wer im Hanseviertel unterwegs ist, will entweder shoppen oder Geschäfte machen. Aber er will in der Regel nicht irgendwelche Hauswände anstarren. Dabei ist die Hauswand über dem Eckeingang zum Hanseviertel höchst interessant: Wer ganz, ganz genau hinsieht, kann hier deutlich den Schriftzug „Polen" erkennen. Er besteht aus Klinkerstein, wie die ganze Fassade, und ist nur eine Nuance dunkler als die Steine, die ihn umgeben. Diesen Schriftzug haben polnische Bauarbeiter geschaffen.

Man muss ganz genau hinsehen, um den Schriftzug „Polen" erkennen zu können. Die Schrift ist in Natura schlechter auszumachen, als auf diesem nachbearbeiteten Bild.

„In den 1980er-Jahren, als das Hanseviertel errichtet wurde, wurde viel gebaut und es mangelte an guten Maurern", erzählt Volkwin Marg, der heute weltberühmte Architekt, der damals das Projekt leitete. Deshalb holte sich der Bauunternehmer Verstärkung aus Polen. Die polnischen Mitarbeiter standen wohl Solidarnosc, einer polnischen

Über dem Schriftzug „Hanseviertel" setzten sich polnische Bauarbeiter ein kaum sichtbares Denkmal.

Gewerkschaft, nahe, die 1980 aus einer Streikbewegung der Arbeiter entstand. Sie hatte einen entscheidenden Anteil an der polnischen Wende im Jahr 1989. Solidarnosc gilt als erfolgreichste unabhängige freie Gewerkschaft im ehemaligen Ostblock. Auf diese Bewegung wollten die polnischen Maurer nun auch in Hamburg aufmerksam machen. Nicht nur zum Scherz sortierten sie deshalb einige besonders dunkle Steine aus und setzten sie so in die Hauswand, dass der Schriftzug „Polen" entstand. „Hartgebrannter Klinker ist ja nie gleichfarbig", erklärt der Architekt. Er hat das erst bemerkt, als das Gerüst nicht mehr stand.

„Ich bin mir nicht sicher, aber ich glaube, dass die Steine auf Geheiß des Bauherrn, einer großen Versicherung, nachbearbeitet wurden, damit der Schriftzug nicht mehr so deutlich sichtbar ist."

„Wir haben uns darüber amüsiert", sagt er. Damals habe man die dunkleren Steine noch viel deutlicher gesehen. „Ich bin mir nicht sicher, aber ich glaube, dass die Steine auf Geheiß des Bauherrn, einer großen Versicherung, nachbearbeitet wurden, damit der Schriftzug nicht mehr so deutlich sichtbar ist."

Doch es gibt Hamburger, die den Schriftzug durchaus bemerkt haben. Zu ihnen gehört Clemens Krauss. Er hat sich Gedanken darüber gemacht, wie das zustande kam, und fand eine für ihn logische – aber ganz andere – Erklärung. Krauss ist der Ansicht, dass sich hier einmal der Schriftzug „Rolex" befand. Klar, betrachtet man „Rolex" und „Polen" nebeneinander, stellt man fest, dass die Schriftzüge sehr ähnlich sind. Krauss glaubt sogar, sich tatsächlich daran zu erinnern, dass früher der goldene Schriftzug des Nobeluhrenherstellers am Hanseviertel stand. „Und als man das dann abmontiert hat, musste man die dahinterliegenden Steine, an denen die Buchstaben befestigt waren, durch neue ersetzen: Es waren ja Bohrlöcher drin."

Mit dieser Variante konfrontiert, sagt Marg: „Nein, das ist Quatsch. Ich habe die polnischen Arbeiter ja gesehen – und den Schriftzug, als das Gerüst abgebaut wurde."

Volkwin Marg blutet übrigens immer noch ein wenig das Architektenherz, wenn er am 1983 eröffneten Hanseviertel vorbeigeht. Nicht wegen des Polen-Schriftzugs. Der amüsiert ihn eher. Immer noch. Nein, Volkwin Marg findet, dass über dem Eingang des Hanseviertels etwas fehlt. „Dort hängt ja ein Glockenspiel", sagt er. „Und darunter sollten sich eigentlich mannsgroße Holzfiguren bewegen." Man habe das Gebäude in Anlehnung an die hanseatische Tradition „Hanseviertel" genannt. „Darum wurde auch der Eckeingang mit den Glocken geplant." Ein solches Glockenspiel sei in allen Hansestädten üblich und gehöre einfach dazu. Ursprünglich hatte der Architekt das Glockenspiel aber in Zusammenhang mit dem Figurenreigen geplant, dessen Thema die Hinrichtung des Seeräubers Klaus Störtebeker (um 1360–1401) sein sollte. „Störtebeker wurde am 21. Oktober 1401 zusammen mit seinen 72 Gefährten in Hamburg hingerichtet", erzählt Architekt Marg. „Und laut Legende sollten all die Männer überleben dürfen, an denen er nach der Enthauptung noch vorbeilaufen konnte." Elf sollen es gewesen sein, die er dadurch rettete – oder besser: vermeintlich rettete, denn nach dem Tod Störtebekers seien dann doch alle 72 Seeleute enthauptet worden. „Das wollten wir auf dem Hanseviertel abbilden", sagt der Architekt. „Aber der Bauherr war eine Lebensversicherung. Die fand das zu blutrünstig angesichts ihres Geschäfts."

Und so gibt es heute am Eckeingang des Hanseviertels unter den Glocken zwar keine Holzfiguren, aber eine kaum noch sichtbare Inschrift. Ungeplantes also statt Geplantem. Und Polen statt Hamburg.

Eva-Maria Bast

So geht's zum Hanseviertel:

Das Einkaufszentrum Hanseviertel steht in der Großen Bleichen 30. Die Schrift befindet sich am halbrunden Eingang an der Kreuzung zur Poststraße.

ID

Bienenkorb
Danke, Napoleon!

*E*s ist – wie so viele alte Friedhöfe – ein sehr schöner und romantischer Ort. Und er erzählt etliche spannende Geschichten, der jüdische Friedhof an der Königstraße in Altona, der von 1611 bis 1869 für Bestattungen genutzt wurde. Hier liegen viele portugiesische (sefardische) Juden, die ab dem späten 16. Jahrhundert nach Hamburg kamen (siehe Geheimnis 6), in den typischen so genannten Zeltgräbern. In einem anderen Bereich sind deutsche Juden aus Altona und – wieder räumlich getrennt – aus Hamburg begraben. Es gibt sehr ähnliche Friedhöfe in Curacao, aber auch in Antwerpen und Kopenhagen, weil die Familien der Portugiesen auch dort beheimatet waren und Handelszentren gegründet hatten. So ist es auch zu erklären, dass Zeltgräber und Grabplatten in Curacao die Arbeiten der damals sehr berühmten Hamburger Steinmetzen sind. In Altona sticht eine Arbeit allerdings hervor. Nicht wegen ihrer besonderen Kunstfertigkeit, sondern wegen des Motivs: Es ist ein aus Stein gehauener Bienenkorb. „Leider wissen wir nicht genau, zu welchem Grab er gehört", bedauert Michael Studemund-Halevy. Während des Krieges ist auch der Hamburger Teil des Friedhofes zerstört worden, die Bombenangriffe haben eine Zuordnung bisher unmöglich gemacht. Aber der Sprachwissenschaftler, der sich seit Jahrzehnten mit der Geschichte der Juden in Hamburg beschäftigt und viele Bücher und Schriften darüber verfasst hat, ist sich in einer Sache sicher: Es ist eine Reminiszenz an Napoleon Bonaparte (1769–1821).

Klar ist, dass der Bienenkorb aus dem frühen 19. Jahrhundert stammt, weil der Friedhof damals erweitert wurde. Hamburg war von 1806 bis 1814 von den französischen Truppen Napoleons besetzt, ab 1811 sogar offiziell Teil des französischen Kaiserreichs – für die Hamburger in vielerlei Hinsicht eine schlechte Zeit: Wegen der so genannten Kontinentalsperre war der Handel mit Großbritannien und seinen

Michael Studemund-Halevy studiert die Inschrift eines Grabsteins – im Vordergrund der steinerne Bienenstock.

Kolonien unterbunden, was eine große Wirtschaftskrise verursachte. Und es kam auch zu Gräueltaten der Besatzer (siehe Geheimnis 15).

Gleichzeitig aber brachte die „Franzosentid" auch einen Modernisierungsschub. Mit dem „Code Napoleon", dem neuen Gesetzbuch, gab es erstmals so etwas wie Rechtsstaatlichkeit. Und: Die Juden wurden allen anderen Bürgern erstmals gleichgestellt. „Das war ein gewaltiger Schritt, denn überall in Deutschland waren die Juden höchstens Bürger zweiter Klasse", erläutert Studemund-Halevy. Sie durften – auch in Hamburg – nur in bestimmten Straßen wohnen, nicht alle Berufe ausüben, hatten kein Wahlrecht und mussten Sonderabgaben zahlen. „All das fiel nun weg, was viele Juden zu Anhängern Napoleons machte."

Was hat das aber mit einem Bienenkorb zu tun? „Bienen waren das Symbol Napoleons", erklärt Studemund-Halevy. „Er hat die Biene als Wappentier gewählt." Tatsächlich war sein Purpurmantel bei seiner Kaiserkrönung 1804 mit goldenen Bienen verziert. Dafür gibt es mehrere Gründe. So sind es der sprichwörtliche Fleiß und die gute Organisation des Bienenvolkes, die Napoleon schätzte. Außerdem gibt es eine Königin an der Spitze – auch wenn Napoleon ein König lieber gewesen wäre – und schließlich war in alten Gräbern der Merowinger aus dem 5. Jahrhundert Schmuck in Bienenform entdeckt worden. „Napoleon konnte sich also auf das erste Königsgeschlecht in Frankreich berufen", sagt der Sprachwissenschaftler.

Diese Symbolik fand offenbar Anklang in ganz Europa. Denn es gibt nicht nur diesen einen Bienenkorb auf dem jüdischen Friedhof in Altona, andere Beispiele finden sich überall in Europa. Die Emanzipation der Juden währte allerdings nicht lange. „Als die Franzosen besiegt und abgezogen waren, wurde das wieder aufgehoben", sagt Michael Studemund-Halevy. Es sollte noch bis 1871 dauern, bis die Juden rechtlich endlich gleichgestellt waren.

Sven Kummereincke

So geht's zum Bienenkorb:

Der Friedhof befindet sich an der Königstraße 10a. Der Eingang liegt gegenüber der Trinitatiskirche. Der Bienenkorb ist im hinteren linken Teil zu finden.

Klaus Lübke vor dem alten Anleger am Saalehafen.

Moldauhafen
Kleiner Ausflug nach Tschechien

Die Tür der grauen Telefonzelle geht nicht mehr auf, das Telefon ist irgendwann abgebaut worden. Am Schiffsanleger steht ein Schild mit der Aufschrift: Nur Handkarren sind erlaubt! Auf Deutsch und auf Tschechisch. Auf dem Parkplatz parken ein Dutzend neue Lkw, in dem schlichten dreigeschossigen Haus können die Fahrer übernachten. Das Areal befindet sich auf dem Kleinen Grasbrook, mitten im Hamburger Hafen – und doch nicht in der Bundesrepublik Deutschland. Sondern in der Tschechischen Republik. 28.540 Quadratmeter hier am Saale- und am Moldauhafen sind tschechisches Staatsgebiet. „Das ist seit 1929 so", sagt Klaus Lübke. Der Kommunalpolitiker lebt auf der Veddel und kennt seinen Stadtteil wie kaum ein Zweiter. „Dass das Gebiet zur Tschechischen Republik gehört, ist eine Folge des Ersten Weltkrieges", erläutert er.

Nach der Niederlage 1918 musste das Deutsche Reich den Versailler Vertrag akzeptieren. „In den Häfen Hamburg und Stettin verpachtet Deutschland der Tschechoslowakei für einen Zeitraum von 99 Jahren Landstücke, die unter die allgemeine Verwaltungsordnung der Freizonen treten und dem unmittelbaren Durchgangsverkehr der Waren von oder nach diesem Staate dienen sollen", heißt es in Artikel 363 des Vertrages. Doch die Detailverhandlungen mit den Tschechen zogen sich hin. Erst 1929 einigte man sich über den Vertrag, der bis 2028 gültig ist.

„Der vermeintliche Verlust war für Hamburg ein Riesengewinn", sagt Lübke. Denn Hamburg wurde so zum Seehafen der Tschechen. Massenhaft Waren für das Binnenland wurden in Hamburg eingeführt und dann per Binnenschiff über Elbe und Moldau weitertransportiert. „Und hier in Hamburg entstanden Arbeitsplätze, auch für Deutsche", erzählt der geschichtskundige Hamburger.

Das änderte sich auch nach dem Zweiten Weltkrieg nicht, obwohl die Tschechoslowakei zum Ostblock und die Bundesrepublik zum Westen gehörte. Einen „Eisernen Vorhang" gab es rund um den Moldauhafen jedenfalls nicht. „Im Gegenteil, es kam zu vielen Kontakten zwischen Tschechen und Deutschen", berichtet Klaus Lübke. Damals

Diese alte tschechische Telefonzelle erinnert noch an die Zeit, als hier Hochbetrieb herrschte.

lag die „Praha" in Hamburg vor Anker, ein Clubschiff, auf dem die Tschechen wohnten. „Die Jungs vom Ruderclub sind da gern mal vorbeigefahren, um eine Kiste gutes tschechisches Bier zollfrei zu kaufen", erzählt er. Und weil man das Bier aus dem „Ausland" nicht nach Deutschland mitnehmen durfte, musste es an Ort und Stelle getrunken werden.

Die Geschäfte gingen gut in den Nachkriegsjahrzehnten. Die „Tschechoslowakische Elbe-Schiffahrtsgesellschaft (ČSPLO)" hatte über 600 Binnenschiffe und Schuten und stellte auch viele deutsche Arbeiter ein. Die Jobs waren gut bezahlt und entsprechend begehrt. Und auf der „Praha" wurde auch gemeinsam gefeiert.

Das langsame Aus kam mit der friedlichen Revolution 1989. Die staatliche Gesellschaft wurde erst privatisiert und musste dann Konkurs anmelden. „Gegen die Lkw und die Bahn waren die Schiffe damals nicht konkurrenzfähig", sagt Lübke. Endgültig vorbei war es dann 2001. Jahrelang lag das Gelände brach. „Hamburg wollte das Areal den Tschechen abkaufen, doch man konnte sich nicht über den Preis einigen", erzählt der Hanseat. Nun ist ein Prager Recycling-Unternehmen Pächter des Geländes.

Wie es weitergeht, ist unklar. „Vielleicht bleiben die Tschechen auch nach 2028", überlegt Klaus Lübke. Denn in dem Vertrag gibt es noch einen fast vergessenen Passus: Die Prager Regierung hat eine einseitige Option auf Vertragsverlängerung – um weitere 50 Jahre. Dann befände sich der nördlichste Teil Tschechiens bis zum Jahr 2078 auf der Veddel in Hamburg.

Sven Kummereincke

So geht's zum Moldauhafen:

Vom Hauptbahnhof mit der S3 zwei Stationen bis Veddel fahren. Am Nordausgang geht es durch den Tunnel, dann links vorbei am alten Zollhaus, danach liegt der Hafen auf der rechten Seite gegenüber den Lagerschuppen.

Helle Spuren
Eine denkwürdige Geschichte

Hier stimmt was nicht! Das wird sofort jedem klar, der die Sandsteinpfeiler in der Hauptkirche St. Petri einmal genauer betrachtet. An mehreren Stellen in etwa einem Meter Höhe sind zackige, helle Linien zu sehen. In der Tat handelt es sich hier um äußerst denkwürdige Überbleibsel aus der Vergangenheit, die auf denkwürdige Art entstanden sind und an ein denkwürdiges Kapitel in der Hamburger Geschichte erinnern.

Archäologe Frank Lehmann sagt rundheraus, um was es sich bei den hellen Stellen handelt: „Das ist Pferdepisse."

Moment mal – Pferdeurin? Wie kommt der denn in eine Kirche? Um das zu erklären, muss Frank Lehmann etwas weiter ausholen. Die Geschichte spielt in der Hamburger Franzosenzeit, als Napoleons Truppen Hamburg in Zuge des Vierten Koalitionskrieges (1806–1807) am 19. November 1806 besetzten. Zwei Tage später erließ er eine Kontinentalsperre gegen England: Die Franzosen verboten allen europäischen Staaten, so auch Hamburg, mit Großbritannien Handel zu treiben. Für die Hanseaten kam das einer Katastrophe gleich, denn neben Frankreich war England der wichtigste Wirtschaftspartner, viele Unternehmen mussten Insolvenz anmelden, die Armut wuchs, ebenso die Arbeitslosigkeit. Wer konnte, verließ die

Die Hauptkirche St. Petri.

Die hellen Stellen geben Rätsel auf.

Stadt, wer blieb, bereute es bald: Die Bewohner wurden mit Sondersteuern belastet, mit denen die Verpflegung der Besatzung bezahlt werden sollte, und hatten Zwangseinquartierungen hinzunehmen.

Am 1. Januar 1811 wurde Hamburg Teil des französischen Kaiserreichs, es gehörte nun zum „Département des Bouches de l'Elbe" (Departement der Elbmündung). Dann, im Frühjahr 1813, ein Lichtblick: Hamburg wurde durch die Truppen des russischen Generals Tettenborn befreit. Aber schon am 28. Mai musste Tettenborn weichen und die verhassten französischen Besatzer kamen zurück. Erneut litt die Bevölkerung, die zu Schanzarbeiten herangezogen wurde und unter Marschall d'Avoût dabei helfen sollte, die Stadt zur Festung auszubauen. Marschall Louis-Nicolas d'Avoût, genannt Davoût (1770–1823), galt als einer der besten und strengsten Generäle Napoleons. Wegen seiner Härte und seines strengen Regimes in der Hansestadt nannte man ihn auch den „eisernen Marschall" oder „Robespierre von Hamburg".

Was außerhalb der Mauern stand, wurde abgerissen, um dem Feind die Möglichkeit zu nehmen, sich zu verbergen. Und weil die Stadt so viel „Abfall" hatte, mussten die Hanseaten 48 Millionen Franc Strafe zahlen. Napoleon soll gesagt haben: „Ich ziehe es vor, die Hamburger zahlen zu lassen. Das ist die beste Art, Kaufleute zu bestrafen." Damit nicht genug: Auch die Kirchen – mit Ausnahme der Michaeliskirche – wurden unter Davoût beschlagnahmt und, man mag es kaum glauben, zu Pferdeställen umgewandelt. Das erklärt, wie der Urin an die Mauern kommt. „Weil die flüssigen Exkremente so scharf sind, entstanden die hellen Spuren in den Mauern", erklärt Frank Lehmann.

„Weil die flüssigen Exkremente so scharf sind, entstanden die hellen Spuren in den Mauern."

Die Bedingungen für die Bevölkerung verschlechterten sich zusehends. Die 40.000 Soldaten hatten Hunger, wollten Nahrung und die war ohnehin knapp. Wieder verließen Tausende Menschen die Stadt – aber nun nicht freiwillig, sondern weil ein Erlass der Besatzung vorgab, dass gehen müsse, wer keinen Vorrat an Lebensmitteln vorweisen könne. Ausgerechnet an Heiligabend wurden die Wohnungen überprüft. Diejenigen, die nicht genug hatten – und das waren rund 2000

Menschen – sperrte man in die Petrikirche und trieb sie am kommenden Tag aus der Stadt. Es war kalt, die Menschen waren hungrig und heimatlos – und es blieb nicht bei den 2000: Insgesamt 30.000 Hamburger mussten Schätzungen zufolge ihre Stadt verlassen. Viele wurden im benachbarten Altona aufgenommen (siehe Geheimnis 23).

Das Frühjahr ist ja bekanntlich die Zeit der Hoffnung. Für die Hamburger galt das ganz besonders im Jahr 1814: Die Alliierten eroberten Paris und damit hatte auch die Besatzung in Hamburg ein Ende. Der eiserne Marschall, 25.000 Soldaten und 5.000 Pferde verließen die Stadt. „Die Freude damals", sagt Frank Lehmann, „muss riesig gewesen sein." Man feierte die russischen Truppen als Befreier und nahm die Kirchen wieder in Besitz. Die Spuren der Exkremente ließen sich allerdings bis heute nicht entfernen. Sie haben sich in den Stein eingeätzt. Ein stummes Mahnmal an eine Zeit des Grauens, die aber – auch das gehört zur historischen Wahrheit – einen gewaltigen Modernisierungsschub, fairere Gesetze und größere Rechte für den Einzelnen mit sich brachte.

Dass sich dieses Mahnmal in einem Gotteshaus befindet, ist nicht ganz unpassend.

Eva-Maria Bast

So geht's zu den hellen Spuren:

Die Petrikirche steht in der Nähe des Rathauses „Bei der Petrikirche 2". Die Überreste des Pferdeurins sind an mehreren Stellen zu finden, unter anderem an der südlichen Seitenwand und an der Kanzel.

16

Deichstraße
Die Katastrophe, die Hamburg modern machte

*E*igentlich funktionierte alles so, wie es sollte. Das Feuer in dem Haus in der Deichstraße 42 – manche Quellen sprechen auch von der Nummer 44 – wurde schnell entdeckt, die Feuerwehr war rasch vor Ort. „Doch der vermeintlich kleine Brand wurde zur bis dahin größten Katastrophe der Stadtgeschichte", sagt Vivian Hecker. Sie ist Marketing-Chefin beim Hamburger Abendblatt und beschäftigt sich in ihrer Freizeit viel mit Stadtgeschichte. „Die Ursache des Feuers wurde nie eindeutig geklärt. Das Haus gehörte einem Zigarrenmacher – und in den Speichern gab es sehr viel leicht brennbares Material", sagt sie.

Es ist etwa 1 Uhr nachts an diesem 5. Mai 1842, als die Flammen entdeckt werden. Der Frühling war

> *„Der vermeintlich kleine Brand wurde zur bis dahin größten Katastrophe der Stadtgeschichte."*

ungewöhnlich trocken, außerdem kommt böiger Wind auf. Die „Wittkittel", wie die Feuerwehrmänner damals genannt wurden, stehen auf verlorenem Posten. Mit ihren Spritzenwagen mit Handpumpen können sie weder sonderlich viel Wasser in die Flammen gießen noch es sehr weit spritzen. Außerdem ist das Pumpen so anstrengend, dass die Männer oft abgelöst werden müssen. Und so kann sich das Feuer im extrem eng bebauten Hamburg leicht ausbreiten.

Zwar sind in den Morgenstunden 1000 Männer im Einsatz und im Laufe des Tages treffen Helfer aus Altona und den Vorstädten ein, doch da ist das Feuer schon zum Inferno geworden. Die Flammen haben über dem trocken gefallenen Fleet den Cremon erreicht, die Nikolaikirche brennt und die Feuersbrunst bedroht das Rathaus und den Mönckedamm.

„Jetzt versucht man mit Sprengungen zu retten, was zu retten ist", erzählt Vivian Hecker. Die Häuser am Hopfenmarkt explodieren, die Stadtväter opfern auch ihr Rathaus – doch die Sprengung mit 800

Vivian Hecker steht an dem Ort, an dem 1842 der „Große Brand" ausbrach.

Pfund Pulver erfüllt ihren Zweck nicht. Das Feuer breitet sich weiter Richtung Jungfernstieg und Neuer Wall aus.

Mittlerweile kommen Feuerwehrmänner aus Lübeck, Stade und Bremen in die Stadt, auch Militär rückt an. Die Straßen sind verstopft, weil viele Tausende mit ihrem Hab und Gut fliehen; es kommt zu Plünderungen der geräumten Häuser.

Am dritten Tag stürzt auch die Petrikirche krachend ein, die Flammen haben nun die Binnenalster und den Glockengießerwall erreicht. „Eigentlich sollte dieser 7. Mai ein Feiertag werden, denn Hamburgs erste Bahnstrecke nach Bergedorf war fertig", sagt Vivian Hecker. Nun aber transportieren die Züge Flüchtlinge und Hilfskräfte.

Dann endlich bekommt man das Feuer unter Kontrolle. Am Morgen des 8. Mai wird das letzte brennende Haus gelöscht. Der Straßenname „Brandsende" kündet bis heute davon. Die Menschen strömen zu Dankgottesdiensten in die Kirchen. Der Senat verkündet: „Unser geliebtes Hamburg ist nicht verloren!"

In der Deichstraße stehen noch viele Häuser, die in den Jahren nach dem Brand gebaut wurden.

Doch die Bilanz ist schrecklich, auch wenn die Zahl der Todesopfer mit 51 erstaunlich gering anmutet: Ein Drittel der Stadt ist zerstört, mindestens 1100 Wohnhäuser und 100 Speicher sind nur noch Ruinen. Rund 20.000

Hamburger sind obdachlos. Die Hamburger Feuerkasse entschädigt alle betroffenen Immobilienbesitzer, muss sich dafür aber stark verschulden. Es soll 40 Jahre dauern, bis diese Kredite getilgt sind.

Langfristig hatte die Katastrophe auch positive Folgen. Die mittelalterliche Stadtstruktur konnte modernen Erfordernissen angepasst werden. Statt enger Gassen wurden breite Straßen angelegt, statt uralter Schöpf- wurden neue Wasserwerke gebaut. „Auch die Architektur konnte neue Wege gehen, etwa mit den italienisch beeinflussten Bauten der Alsterarkaden und der Neuen Post, die Alexis de Chateauneuf baute", sagt Vivian Hecker.

Dort, an der Kleinen Alster, wurde die Stadt besonders radikal umgestaltet, das Areal wurde das neue Zentrum Hamburgs – vor allem durch den prunkvollen Bau des Rathauses (siehe Geheimnis 50), der somit ebenfalls eine Folge des Brandes – und ein Beispiel für die Langsamkeit der Planungen ist. Denn erst ein halbes Jahrhundert nach der Sprengung des alten konnte 1897 das neue eingeweiht werden. Und das hat alle folgenden Katastrophen überstanden.

Sven Kummereincke

So geht's zur Deichstraße:

Die Deichstraße liegt zwischen der Speicherstadt und der Willy- Brandt-Straße.

Hochzeitstor
Moralischer Zeigefinger für künftige Eheleute

Das kleine Portal rechts vom Westausgang des Rathausinnenhofs ist prachtvoll: Ein Engel blickt auf die Hindurchschreitenden hinab, hoch oben thronen Turteltäubchen, rechts des Tores ist Eva mit dem Apfel und der Schlange zu erkennen, links Adam mit einem Hund. So gar nicht in dieses Bild der Idylle passen will die etwas irritiert dreinblickende Dame links oben und der ebenso skeptisch schauende Bärtige rechts oben über den nackten Säulen. Auch hebt sich die Schlichtheit ihrer Darstellung von der prachtvollen Gestaltung des Portals ab. Stadtführerin Nicola Janocha kann alle Rätsel lösen: Was es mit dem Tor auf sich hat, was die nackten Säulen bedeuten und wer die beiden irritiert dreinblickenden Herrschaften sind. „In den letzten Jahren des Rathausbaus (siehe Geheimnis 50) kam die Idee auf, ein kleines Standesamt im Rathaus zu integrieren", erklärt sie. Also musste ein schönes, ausgefallenes Portal her, durch das die Brautleute hinein- und als Eheleute hinausschreiten könnten. Das erklärt die Turteltauben, den kleinen Putto und auch das Urpaar Adam und Eva. Was aber bedeuten die beiden skeptischen Herrschaften hoch oben über dem Tor? Und weshalb sitzen sie über nackten Säulen? „Bei den Figuren handelt es sich um Gegenentwürfe zu Adam und Eva", erklärt Nicola Janocha. „Die Dame ist Xanthippe, die Frau des griechischen Philosophen Sokrates, der Inbegriff des weiblichen Zeterns. Wir benutzen ja immer noch das Wort Xanthippe für eine Frau, die dauernd meckert." Und der Mann? Ist das etwa Sokrates? „Nein", sagt die Hamburgerin. „Das ist König Blaubart, der ja, wie es in dem Märchen heißt, einen hohen Frauenverschleiß hatte." Kein gutes Omen für diejenigen, die zum Traualtar schreiten.

> „Die Figuren sollten auch gar kein Omen sein, sondern verdeutlichen, wie Ehe nicht gemeint ist. Eine Mahnung, ein moralischer Zeigefinger an die künftigen Eheleute."

Nicola Janocha im Hochzeitstor, durch das nie ein Brautpaar schritt.

„Die Figuren sollten auch gar kein Omen sein, sondern verdeutlichen, wie Ehe nicht gemeint ist", erläutert die Stadtführerin. „Eine Mahnung, ein moralischer Zeigefinger an die künftigen Eheleute." Zwischen den beiden Köpfen findet sich ein leeres Feld, ursprünglich sollte dort ein Spruch eingemeißelt werden, der die mahnende Wirkung noch verstärkt: „Es prüfe, wer sich ewig bindet, ob sich das Herz zum Herzen findet." Das ist aber nie passiert. Ebenso wenig, wie man Xanthippe mit dem Pantoffel ausstattete, den man ihr eigentlich zugedacht hatte. Als keifendes Weib, das den Ehemann mit dem Hausschuh bedroht und ihn sprichwörtlich unter den Pantoffel stellt. Auch König Blaubart hätte – wie Xanthippe – eigentlich einen Körper bekommen und mit einem Schwert dargestellt werden sollen. Das erklärt die kahlen Säulen. Was war geschehen? Warum wurde die Inschrift nicht angebracht, weshalb bekam Xanthippe keinen Pantoffel? „Die Kommission, die letztendlich darüber entscheiden sollte, fand die Figuren – und die ganze Idee eines Standesamtes auf dem Rathaus – wohl nicht so passend. Deswegen ist das alles nicht mehr ausgeführt worden, sondern leer geblieben", erklärt die Stadtführerin und zitiert die Kommission: „Die Darstellung solcher Schrecknisse könnte auf junge Brautleute eine schädliche Wirkung ausüben, sie vielleicht sogar ihrem Vorhaben abwendig machen und dadurch auf die wünschenswerte Zunahme der Hamburgischen Bevölkerung einen nachteiligen Einfluss ausüben."

Und Brautpaare marschierten letztendlich dann auch nie durch das Hochzeitstor. „Aber das Portal haben sie gelassen, weil es schön war", sagt Janocha. Immerhin. Und inzwischen kann man im Rathaus tatsächlich heiraten: An jedem ersten Freitag im Monat werden im Phönixsaal bis zu vier Brautpaare getraut. Durch das Tor gehen sie aber nicht hindurch. Das wäre dann, wegen König Blaubart und Xanthippe, vielleicht doch zu riskant.

Eva-Maria Bast

So geht's zum Hochzeitstor:

Das Hochzeitstor befindet sich rechter Hand des westlichen Ausgangs aus dem Rathaushof.

Wiebke Johannsen weiß, was es mit diesem Mosaik auf sich hat.

Mosaik
Ein Ort der Reinlichkeit

U-Bahn-Haltestellen sind gemeinhin langweilig. Diese nicht: Wer vom Bahnsteig aus mit der Rolltreppe nach oben fährt, steht vor einem prachtvollen Mosaik. In der Mitte befindet sich ein vielfarbiger Kreis, rechts und links zwei Dreiecke, in denen jeweils ein märchenhaft anmutendes Gebäude mit einem sehr hohen Turm abgebildet ist. So schön ist das Gebäude, dass man Lust bekommt, gleich auf Entdeckungstour zu gehen und es in Natura in Augenschein zu nehmen. Das geht aber nicht. Denn bei dem Mosaik handelt es sich nicht um eine besonders schöne Form einer Werbetafel. Stattdessen soll es an etwas erinnern, das nicht mehr da ist: An den „Tempel der Reinlichkeit, der von 1855 bis 1963 dort stand, wo sich heute das Saturn-Parkhaus befindet", erzählt Stadtführerin Wiebke Johannsen. „Und das Parkhaus ist deshalb rund, weil es den Grundriss des Tempels der Reinlichkeit aufgreift." Diese blumige Bezeichnung passt zu dem märchenhaften Mosaik. Dabei handelte es sich eigentlich um etwas ganz Profanes: eine öffentliche Badeanstalt. „Schon seit dem Mittelalter gab es öffentliche Bäder, sie waren ein Ort der Reinlichkeit und der Kommunikation", erklärt die Stadtführerin. „Und das hat der Geistlichkeit natürlich überhaupt nicht gefallen, dass da zusammen gebadet wurde." Entzückend findet Wiebke Johannsen die Geschichte vom Hamburger „Seelbad", das im 14. Jahrhundert bestand. „Die Armen der Stadt konnten sich kostenlos an warmem Wasser laben. Dazu gab es noch Bier und Wein und die Armen beteten dann für den Stifter. Das war eine hübsche Einrichtung, von der jeder etwas hatte." Im 17. Jahrhundert seien die Badestuben dann verschwunden, denn „die lutherische Geistlichkeit wetterte dagegen, angeblich dienten die Badeanstalten der Verbreitung von Krankheiten".

„Das Parkhaus ist deshalb rund, weil es den Grundriss des Tempels der Reinlichkeit aufgreift."

So weit also zur Vorgeschichte. Mitte des 19. Jahrhunderts kamen Badestuben dann aber wieder in Mode. Der englische Ingenieur William Lindley (1808–1900), Erbauer des Hamburger Tempels der Reinlichkeit, schrieb 1850: „Körperliche Unreinlichkeit erzeugt sehr bald Mangel an Selbstachtung, Rohheit und Laster. Die Erfahrung lehrt, daß, wer schmutzig gekleidet ist, sich scheut, anständige Orte zu besuchen und deshalb umso mehr in den niedrigsten Wirtshäusern sich aufhält. Können einzelne Feierabendstunden zur Erfrischung im Bade verwandt werden, dann zieht es in den meisten Fällen auf so lange vom Wirtshause ab."

1851 hatte es innerhalb der Patriotischen Gesellschaft den Wunsch gegeben, eine öffentliche Badeanstalt einzurichten. In den Jahren 1852–1855 erfolgte dann der Bau des „Tempels der Reinlichkeit". „Es war ein freistehender, verzierter eingeschossiger Zentralbau mit mittig angeordnetem, weithin sichtbarem Schornstein, der aussah wie eine Triumphsäule", sagt Johannsen. In dem Gebäude gab es insgesamt 54 Bäder: 16 für Frauen, 38 für Männer. Der Eingang für Frauen befand sich an der Steinstraße, der für Männer am Steintor. Die Bäder waren in erste und zweite Klasse gegliedert: „In der ersten Klasse gab es Badewannen aus Steinmörtel, innenwändig weiß glasiert, einen Schemel, zwei Handtücher, Bürsten und Kämme", beschreibt die Stadtführerin. Und in der zweiten „war die Wanne dann nur noch aus Zink und es gab nur ein hartes Handtuch". Hinzu kam für die Männer ein „Regenbad", wie die Bezeichnung für eine Dusche damals noch blumig lautete. „Im inneren Rund und nur für Frauen zugänglich war die Waschhalle. Die ist aber nicht sehr gut angenommen worden. Vielleicht, weil man anderen nicht seine schmutzige Wäsche zeigen wollte?", vermutet Wiebke Johannsen.

Im Zweiten Weltkrieg wurde das Bad 1944 stark beschädigt, danach aber wiederaufgebaut. Doch schon 1953 hatte der Schornstein ausgedient und wurde abgerissen, zehn Jahre später musste das ganze Bad dran glauben. Das Hamburger Abendblatt

Dass das Saturn-Parkhaus rund ist, hat einen ganz besonderen Grund.

vermeldete hierzu am 17. Januar 1963: „Der Abbruch der Badeanstalt Steinstraße geht zügig voran. Das (...) Gebäude am Hauptbahnhof, das sich bis zu seinem letzten Öffnungstag regen Besuchs erfreute, muß wichtigen Verkehrsbauten und einem großen Kaufhaus weichen."

Immerhin ist der neue Bau auch rund. Was der reinlichkeitsliebende Ingenieur William Lindley wohl sagen würde, wenn er wüsste, dass heute Abgase wehen, wo er einst einen Tempel für die Reinlichkeit errichtete?

Eva-Maria Bast

So geht's zum Mosaik:

Das Mosaik befindet sich im Durchgang der U-Bahn-Haltestelle Steinstraße, am Ausgang zum Saturn-Parkhaus. Das runde Parkhaus ist von der Steinstraße aus gut zu sehen.

Michael Studemund-Halevy an der früheren Elbstraße, die ein Zentrum jüdischen Lebens und Gewerbes war.

19 Judenbörse
Hamburgs erster Flohmarkt

Es ist eine schmucke Straße. Einige wiederaufgebaute Fachwerkhäuser stehen dort, Altbauten aus der Jahrhundertwende, aber auch moderne Architektur; das Brahmsmuseum ist gleich ums Eck. Es handelt sich um die Neanderstraße in der Hamburger Neustadt, zwischen Laeisz-Halle und Michel gelegen. Ladengeschäfte gibt es hier kaum, dafür Wohnungen, Büros und Hotels. „Und früher war hier die Judenbörse", erzählt

Michael Studemund-Halevy, Sprachwissenschaftler und Experte für jüdische Geschichte in Hamburg. Doch wer sich jetzt reiche Händler und Wertpapier-Transaktionen vorstellt, liegt völlig falsch – die Judenbörse war ein besserer Flohmarkt. Es begann im späten 18. Jahrhundert und endete 1925, als die Polizei den Markt verbot. Nicht weil er jüdisch war, sondern weil der zunehmende Autoverkehr es nicht mehr zuließ, dass mitten auf der Straße jeden Tag Stände aufgebaut waren.

Es muss ein großes Gewusel gewesen sein. Die Neustadt war extrem dicht besiedelt, dort gab es die so genannten Gängeviertel, kleine überbelegte Häuser in sehr engen Gassen. „Die hygienischen Verhältnisse waren furchtbar", sagt Studemund-Halevy. Das Areal rund um die Elbstraße, wie die Neanderstraße damals hieß, war den Juden als Wohngebiet zugewiesen worden. Das darf man sich jedoch nicht als Ghetto vorstellen, es lebten auch viele Nichtjuden dort. Die Juden durften aber bis zur ihrer Gleichstellung 1869 nur eingeschränkt und in bestimmten Gebieten Wohneigentum kaufen und auch nicht überall wohnen.

Nur einige wenige alte Häuser stammen noch aus der Zeit der Judenbörse.

„Und es gab noch weitere Einschränkungen: Sie durften keine Ladengeschäfte führen und nichts verkaufen, was Hamburger Handwerker herstellten", berichtet der Sprachwissenschaftler. Deswegen waren viele Juden Hausierer – und viele verkauften eben auf der Straße. Da wurden dann Bücher, Krimskrams und viele Importwaren angeboten, auf Tischen und in Karren. Und abends wurde alles wieder abgebaut. „Die meisten wohnten in unmittelbarer Nähe, sodass der Aufwand nicht zu groß war", erläutert Studemund-Halevy.

Auch nach der Emanzipation der Juden blieb die „Judenbörse" bestehen, verlor aber langsam ihre Bedeutung. Die Juden zogen jetzt auch in andere Stadtteile. „Die Reichen nach Harvestehude und Eppendorf, viele ließen sich auch im Grindelviertel nieder, das dann das Zentrum jüdischen Lebens in Hamburg wurde", erläutert der Kenner jüdischer Geschichte. An die Judenbörse erinnert heute nur ein kleines Schild – und das alte Kopfsteinpflaster, das die Zeit überdauert hat.

Sven Kummereincke

So geht's zur Judenbörse:

Von der U-Bahnstation St.Pauli Richtung Innenstadt gehen, links in den Holstenwall und dann rechts in die Peterstraße abbiegen, die in der Neanderstraße endet.

Das Fleetschlösschen.

Weiße Spuren
Eine Wasserleiche und ein englischer Polizist

Was Hamburg mit London zu tun hat? Nun, die Speicherstadt weist zumindest Ähnlichkeiten mit der englischen Hauptstadt auf. Und zwar so große, dass man im Film „Die toten Augen von London", der aus der Feder des englischen Schriftstellers und Regisseurs Edgar Wallace (1875–1932) stammt, Hamburg für London ausgab. Gedreht wurde Ende 1960/Anfang 1961 nahezu ausschließlich in Hamburg, nicht nur in den REAL-Studios, sondern auch in der Stadt selbst: Als „Höhepunkt der umgestalteten Schauplätze" bezeichnet Volker Reißmann vom

Staatsarchiv die Wasserleichen-Szene, die beim Fleetschlösschen gespielt wurde. Was dem englischen Eindruck allerdings wenig dienlich war, waren deutschsprachige Schriftzüge an den Kaispeichern – stattdessen mussten englische zu sehen sein. „Entweder wurde bei den Aufnahmen geschickt abgeschnitten oder die deutschen durch englische Werbetafeln verdeckt", sagt Reißmann. In diesem Fall wäre beinahe der Schriftzug „Ludwig Bode, Schiffsausrüstungen" mit ins Bild gekommen – nur dank der sensiblen Wahl des Bildausschnittes durch den Kameramann konnte er gerade noch abgeschnitten werden. Heute sind von dem nicht mehr vorhandenen Schriftzug noch helle Spuren am Gebäude sichtbar.

Unmittelbar neben dem Fleetschlösschen trieb also die „Leiche" im Wasser. „Dem Publikum wurde alsbald auch die Rethebrücke als Tower-Bridge verkauft", erzählt Reißmann. Unzählige weitere Studio- und Außenaufnahmen in und um Hamburg ergänzten die Illusion „typisch britisch" wirkender Schauplätze: „Als englische Bobbys kostümierte Polizistendarsteller, aus Großbritannien eingeführte rote Telefonzellen, britische Postkästen und Hydranten täuschten die Zuschauer nicht selten nahezu perfekt."

Volker Reißmann neben dem Fleetschlösschen.

Kurzer Einschub zum Fleetschlösschen: Wenn das malerische Gebäude im Edgar Wallace Film auch kaum ins Bild kam – schließlich war die Umgebung interessant und das markante Fleetschlösschen sollte vermieden werden – so soll hier doch wenigstens ein kurzer Abriss zur Geschichte des entzückenden Gebäudes gegeben werden: Es wurde im Zuge des Speicherstadtbaus (siehe Geheimnis 7) erbaut – und zwar als Zollgebäude. Hier wurden die Waren registriert, die aus den Großseglern in Schuten umgeladen und in die Fleete gebracht wurden, wo man sie auf die Speicherböden zog (siehe Geheimnis 3). Später war es das Quartier der Brandwache, anschließend wurde das Fleetschlösschen das, was es heute noch ist: Gastronomiebetrieb.

Zurück zu Wallace: So viel Mühe man sich damals auch gab, ein möglichst authentisches Bild zu schaffen – so ganz ist das in Reißmanns Augen nicht gelungen. „Beim heutigen Anschauen regen die verkleideten deutschen Kulissen oftmals zum Schmunzeln an, vor allem wenn manchmal offensichtliche Fehler, wie etwa deutsche Namen auf Straßenschildern, falsche Türklinken und andere Details unfreiwillig die Herkunft der Produktionsstätte verraten." Auch bei manchem typisch deutschen Lkw lasse sich unschwer dessen Standort erkennen.

Die weißen Spuren.

Jedenfalls, meint der Mitarbeiter des Staatsarchivs, wisse heute kaum noch jemand, dass „Die toten Augen von London" in Hamburg gedreht wurden. Nur einige wenige noch lebende Crewmitglieder des Filmteams erinnern sich daran, dass hier einst „englische Leichen" im Wasser trieben und dass der Kameramann geschickt schneiden musste, um den deutschen Schriftzug nicht ins Bild zu bekommen. Heute wäre das einfacher. Schließlich sieht man von dem Schriftzug nur noch leise Spuren. Manchmal bringt der nagende Zahn der Zeit eben auch gewisse Vorteile mit sich.

Eva-Maria Bast

So geht´s zu den Spuren:

Wenn man am Fleetschlösschen steht und am Brooksfleet entlang Richtung Osten schaut, kann man sehr genau die Position der Filmkamera nachvollziehen – die „Leiche" trieb unmittelbar unterhalb des Fleetschlösschens im Wasser. Die weißen Spuren erkennt man von der Brücke aus auf der rechten Seite an der Hausmauer hinter dem Fleetschlösschen.

Kai-Uwe Scholz mit einem Gedichtband von Schmidt von Lübeck auf dessen Grab.

21 Schmidt-von-Lübeck-Grab
Der dichtende Bankier

Ein Top-Manager einer Großbank, der Theologe, Jurist sowie Mediziner und gleichzeitig ein berühmter Dichter ist, das erscheint in unserem Zeitalter, das manche ja die „Ära der Fachidioten" nennen, schwer vorstellbar. Vor 200 Jahren hingegen war so etwas keineswegs ungewöhnlich. Die Geschichte des Mannes, um den es hier geht, ist aber nicht nur die eines so vielseitig Begabten – sondern auch die einer großen, ewig unerfüllten Liebe. Der Mann heißt Georg Philipp Schmidt von Lübeck (1766–1849) und sein Grab befindet sich nur zwei, drei Schritte von dem Klopstocks entfernt (siehe Geheimnis 31) auf dem Kirchhof der Christianskirche in Ottensen.

Dass er dort liegt, ist natürlich kein Zufall. „Schmidt von Lübeck lebte in seinen letzten Jahren an der Klopstockstraße und konnte aus seinem Fenster direkt auf das Grab des berühmten Dichters blicken", weiß Kai-Uwe Scholz, ein Germanist, der neben der Christianskirche wohnt und sich intensiv mit der Geschichte des Ortes befasst hat.

Schmidt, 1766 geboren, stammt aus einer Lübecker Kaufmannsfamilie, aber dennoch aus bescheidenen Verhältnissen, da sein Vater Johann Jacob kein glückliches Händchen als Geschäftsmann hatte. Und

Die Grabplatte des Dichters, der neben Klopstock begraben ist.

so ist der Sohn auf ein Stipendium angewiesen, mit dem er in Jena Theologie studieren kann. „Das war nicht gerade sein Wunschtraum, und so wechselte er heimlich zu Jura, musste aber auf Druck seiner Förderer das Theologiestudium fortsetzen", sagt Scholz. 1790 ist Schmidt fertig und schlägt sich als Hauslehrer durch. Als 1794 sein Vater stirbt, bekommt er ein kleines Erbe, das aber groß genug ist, um ohne Geldsorgen weiter zu studieren: Schmidt wird Mediziner, arbeitet kurzzeitig in Polen und wird dann 1802 Sekretär des dänischen Finanzministers.

Der Arzt und Theologe macht rasch Karriere als Finanzexperte: Er wird Direktor des königlichen Bankkontors, dann Administrator der Reichsbank in Kiel und 1818 Erster Bankdirektor in Altona, der damals zweitgrößten dänischen Stadt, die 1867 preußisch wurde. Schmidt wird wohlhabend und nutzt diese Freiheit für seine eigentlichen Leidenschaften: historische Studien und – Lyrik. Um nicht mit seinem Zeitgenossen, dem Dichter Friedrich Schmidt, verwechselt zu werden, legt er sich den Beinamen „von Lübeck" zu.

Sein ganzes poetisches Werk ist von einer eher resignativen Grundstimmung und Sentimentalität durchzogen. In dem von Franz Schubert vertonten Gedicht „Der Wanderer" etwa heißt es: „Wo Du nicht bist, dort ist das Glück."

Die Ursachen dafür liegen in seinem Jenaer Aufenthalt, wo er ab 1794 Medizin studiert. „Dort lernt er die Dichter Herder, Wieland, Schiller und Goethe kennen – und Sophie Mereau", erzählt Kai-Uwe Scholz. Er verliebt sich unsterblich in das Mädchen. 1796 reist er überstürzt ab, weil seine Liebe nicht erwidert wird. Sophie Mereau heiratet später den Dichter Clemens Brentano.

Schmidt bleibt sein Leben lang Junggeselle, er kann Sophie weder vergessen noch die Enttäuschung verwinden. Erst in hohem Alter – er hat als Dichter längst einige Berühmtheit erlangt – nimmt er das nie gedruckte Gedicht „Abschied von Jena. An Sophie Mereau" in eine Sammlung auf. „Es ist wohl ein Bekenntnisgedicht", sagt Scholz.

„All das Treiben und Beginnen
War es auch kein Meisterstück
War es doch ein Menschenglück
Und ich fahre froh von hinnen."

Gleichwohl hat Schmidt von Lübeck vor seinem Tod im Jahre 1849 doch noch seinen Frieden gefunden. In dem Gedicht „Der Greis" heißt es in der letzten Strophe: „All das Treiben und Beginnen/War es auch kein Meisterstück/War es doch ein Menschenglück/ Und ich fahre froh von hinnen."

Sven Kummereincke

So geht's zum Grabmal:

Die Christianskirche liegt direkt neben dem Altonaer Rathaus.
Das Grabmal Schmidt von Lübecks befindet sich an der Südseite rechts vom umzäunten Klopstock-Grab.

Dr. Rita Bake blickt zu dem idyllischen Baum empor.

22

Kastanie
Rauschender Applaus und rauschende Blätter

Nur ein Baum ist noch geblieben von der einstigen Pracht. Wobei der Begriff „nur" eigentlich ziemlich despektierlich ist für diese große Kastanie, die vielleicht auch deshalb ihre volle Wirkung entfalten kann, weil sie so einsam hier steht. Das war nicht immer so: „Die Kastanie ist das Überbleibsel eines großen Gartens der Erholung", sagt Dr. Rita Bake von der Landeszentrale für politische Bildung. Zumindest ist das sehr wahrscheinlich: Ganz sicher ist Bake sich nicht, dass es genau dieser

Baum war, der damals schon stand. Aber aufgrund der Größe des Baumes und der Tatsache, dass Kastanien 300 Jahre alt werden können, sei das stark anzunehmen. Der Garten gehörte zum „Geselligkeitsverein Erholung", der an den Garten grenzte. Beides geht auf den Schlachter und Rittmeister Johann Joachim Hanfft (1780–1827) zurück, 1813 war er mit einer von ihm finanzierten Eskadron, also der kleinsten Einheit einer Kavallerie, gegen Napoleons Truppen ins Feld gezogen. „Als Dank für seine Verdienste bekam er vom Senat einen 8000 Quadratmeter großen Garten geschenkt", erklärt die Akademikerin. Und da pflanzte er also eine Kastanie? Vielleicht. Vielleicht stand sie auch schon dort. Das ist auch gar nicht so wichtig. Viel wichtiger ist, was Hanfft um diese Kastanie herum tat: Direkt angrenzend an den Garten baute er ein Haus für die 1815 gegründete Gesellschaft Erholung. Dort wurden Vorträge gehalten, es wurde gespielt, musiziert und getanzt. „Im damaligen Hamburger Adressbuch stand, dass es ein ‚angenehmer und anständiger Versammlungs-Ort' sein solle, der vor allem ‚dem Familien-Vater Gelegenheit verschaffen' müsse, ‚mit den Seinigen ohne bedeutenden Kosten-Aufwand zu jeder Zeit die gesellige Unterhaltung zu genießen'", zitiert Bake.

Die prachtvolle Kastanie.

Das Gebäude war denkbar prachtvoll. „Nachdem man es betreten hatte", erzählt Rita Bake, „kam man zunächst in einen Vorsaal, der mit

Blumen dekoriert war." Weiter gab es im Erdgeschoss ein Lese- und Gesellschaftszimmer, Billard- und Kegelstuben und eine Garderobe. „Und oben befand sich der Prunksaal."

Zurück zum Garten und der Kastanie: Unter lauschigem Grün fanden zweimal in der Woche Konzerte statt. Der Chor und das Orchester des Hamburger Stadt-Theaters konzertierten zum Beispiel hier. „Es muss ein wunderbarer Ort der Erholung gewesen sein", sagt Rita Bake. Als Johann Joachim Hanfft im Jahr 1827 verstarb, ging es allerdings bergab mit der Gesellschaft der Erholung, das Gebäude konnte nicht mehr gehalten werden und wurde ab 1836 verpachtet. Konzertiert wurde jedoch noch eine Weile – bis 1884 die Kaiser-Wilhelm-Straße angelegt wurde, da musste sich die Gesellschaft dann von einem großen Teil des Gartens trennen. „Nun waren es nur noch 2000 Quadratmeter, die Freiluftkonzerte konnten nicht mehr stattfinden", sagt Rita Bake.

„Es muss ein wunderbarer Ort der Erholung gewesen sein."

Vorbei war es also mit den schönen Klängen am Dragonerstall. Doch wer die Augen schließt und ganz genau hinhört, kann sich am Klang der Kastanienblätter im Wind erfreuen. Und so ein Blätterrauschen, das ist, mitten im Großstadttrubel, ja auch wie allerschönste Musik.

Eva-Maria Bast

So geht's zur Kastanie:

Der prachtvolle Baum findet sich im Hinterhof der Gebäude Dragonerstall 11 und 13.

Blücher-Denkmal
Ein dänischer Elefantenträger

Es ist nicht gerade ein Denkmal, das die Aufmerksamkeit sogleich auf sich zieht. Ein Standbild von einem alten Mann in großer Pose steht da etwas abseits am Rande des Altonaer Rathauses. Es zeigt Conrad Daniel Graf von Blücher-Altona. Geboren 1764, gestorben 1845. So weit, so langweilig. Doch es lohnt sich, genauer hinzusehen. Rechts an der Hüfte ist etwas Ungewöhnliches zu erkennen: ein kleiner Elefant. Und dieser Elefant ist ein Orden – der wichtigste, den der Staat Dänemark zu vergeben hat, und der kunsthandwerklich aufwändigste auf der ganzen Welt. Conrad Daniel Graf von Blücher-Altona hat diesen Orden nicht, wie viele andere, der Tatsache zu verdanken, dass er adlig war oder dass er eine große Summe Geld gespendet hat. Er bekam ihn für seine Verdienste. Sogar die Hamburger – die Altona stets als kleinen Nachbarn und lästigen Konkurrenten betrachteten – gaben ihm die höchste Auszeichnung, die sie zu vergeben haben: die Ehrenbürgerwürde.

„So klug im Rat/Als kühn in der That/Ein Staatsmann/ Und ein Ritter."

Wer also war der Mann? Er entstammte der weitverzweigten Adelsfamilie der Blüchers, die ihren Stammsitz in Mecklenburg haben. Die adlige Herkunft öffnete ihm viele Türen, sodass er nach dem Besuch der Landkadettenakademie in Kopenhagen rasch am dänischen Hofe aufstieg. Zunächst Page und Kammerjunker, wurde er mit 30 Jahren Hofmarschall, also der höchste Beamte. 1808 ernannte ihn König Friedrich VI. (1768–1839) zum Oberpräsidenten von Altona, der damals zweitgrößten dänischen Stadt. In diesem Amt war er Verwaltungschef und oberster Repräsentant der Krone.

Die Zeiten waren kriegerisch, die Franzosen hatten Hamburg besetzt und in ihr Reich integriert. Als im Dezember 1813 Koalitionstruppen anrückten, stellte der französische Marschall Louis-Nicolas

Das klassische Denkmal steht etwas abseits neben dem Rathaus.

d'Avoût, genannt Davoût (1770–1823), die Stadt auf eine Belagerung ein, brannte Vorstädte nieder und jagte alle, die sich nicht mit genug Proviant hatten versorgen können, fort – also die Ärmsten (siehe Geheimnis 15). Vielen von ihnen gewährte von Blücher Unterschlupf in Altona und rettete sie so vor dem Verhungern. Auch als 1842 die nächste große Katastrophe Hamburg heimsuchte – ein Feuer zerstörte große Teile der Stadt – organisierte der fast 80-Jährige rasch Hilfe (siehe Geheimnis 16).

Da war er längst hoch dekoriert. Er war Großkreuzträger des dänischen Dane-brog-Ordens und 1817 von König Friedrich VI. zum Grafen von Blücher-Altona erhoben worden. 1838 erhielt er dann eben den Elefantenorden, der am Denkmal zu sehen ist und der in seiner Bedeutung vielleicht mit dem britischen Hosenbandorden vergleichbar ist. Wer als Ritter aufgenommen wurde, musste alle anderen Auszeichnungen ablegen – der Elefantenorden durfte nur allein getragen werden.

Der echte Elefant – nicht der, der sich am Denkmal befindet – ist aus Gold und Elfenbein, er trägt auf der einen Seite ein Kreuz, auf der anderen das Monogramm des Königs. Fünf Diamanten bilden ein weiteres Kreuz. Es ist der „Preis der Großherzigkeit", wie das Ordensmotto lautet. Warum die Dänen, die nie ein Kolonialreich in Afrika oder Indien hatten, den Elefanten als Ordenstier wählten, ist nicht ganz klar. Zum einen soll ein dänischer Ritter auf einem Kreuzzug einst einen Ele-

Der kleine Elefant.

fanten getötet haben – was als große Heldentat galt – zum anderen steht das Tier seit der Antike auch in Europa symbolisch für Weisheit und Würde.

Würdevoll war der Graf von Blücher-Altona jedenfalls. Und es hat ihm gewiss nicht geschadet, dass er einen weltberühmten Onkel hatte: Gebhard Leberecht von Blücher (1742–1819). Der ungemein populäre preußische Generalfeldmarschall (Spitzname: Marschall Vorwärts) hatte sich 1815 in der Schlacht bei Waterloo unsterblich gemacht. Dank seines gerade noch rechtzeitigen Eingreifens wurde Napoleon endgültig besiegt und musste ins Exil nach St. Helena. Der Onkel erhielt, wie sein Neffe, die Hamburger Ehrenbürgerschaft. In Altona haben sie aber nicht dem General, sondern dem Stadtvater ein Denkmal gesetzt. 1852, sieben Jahre nach seinem Tod, wurde es an der Palmaille aufgestellt, der Prachtstraße der Stadt. Im Zweiten Weltkrieg baute man es ab und setzte es später an seinen jetzigen Standort, umgeben von Büschen, ein wenig ins Abseits. Auf der Rückseite des Sockels steht noch die Original-Inschrift: So klug im Rat/Als kühn in der That/Ein Staatsmann/Und ein Ritter.

Sven Kummereincke

So geht's zum Blücher-Denkmal:

Auf der, vom Haupteingang aus gesehen, rechten Seite des Altonaer Rathauses steht das Denkmal am Rande des Weges, der Richtung Elbe führt.

Medaillon
Der Baumeister und die Haushälterin

Er weiß, was er geleistet hat: Michel-Baumeister Ernst Georg Sonnin (1713–1794) sieht sehr stolz aus, wie er da an der Südwestseite des Kirchenschiffs aus seinem Medaillon heraus auf all jene blickt, die nicht gleich hineinstürmen in die evangelische Hauptkirche Sankt Michaelis, die sowohl die bekannteste Kirche als auch das Wahrzeichen Hamburgs ist (siehe Geheimnis 49), sondern sich die Mühe machen, um den Barockbau herumzugehen. Viele sind das nicht gerade. Und all jene, die hineinströmen, kommen wohl an einem Relikt vorbei, das der Mitarbeiter des Staatsarchivs, Joachim Frank, höchst spannend findet: an der Grabplatte des großen Baumeisters. Denn selbige warf für Frank die Frage auf: Hatte Ernst Georg Sonnin was mit seiner Haushälterin? Nebenbei bemerkt: Derartige Beziehungen gab es damals nicht selten – aber sie waren eben meistens heimlich. Hätte Sonnin sich zu seiner Haushälterin bekannt, wäre er nicht mehr gesellschaftsfähig gewesen. Wobei ihm das in späteren Jahren offensichtlich egal war, sonst hätte er sie nicht in seinem Grab, dessen Platte er lange vor seinem Tod gestalten ließ, bestatten lassen.

Die Grabplatte.

„Die Grabstätte war Lohn für seine Bemühungen, was auch in anderen Kirchen üblich war", erklärt Joachim Frank. Ursprünglich war die Grabplatte allerdings schmucklos. Die heutige geschmückte Platte wurde im Zuge des Neubaus 1906 angefertigt. Doch dazu später. Zunächst: Ernst Georg Sonnin lernte seine spätere Haushälterin, Dorothe Reinke, geborene Möller, über seinen Freund kennen, ihren Bruder Cord Michael Möller. Spätestens ab 1750, erzählt Joachim Frank, habe Sonnin mit seinem Freund, dessen

Joachim Frank blickt zum Denkmal für den großen Sonnin empor.

Schwester und dessen Mutter zusammengelebt. Dorothe Reinke schenkte just in jener Zeit einem Sohn das Leben: Johann Theodor Reinke, der später Zögling von Sonnin wurde – und außerdem sein erster Biograf. „Über seinen leiblichen Vater schreibt Reinke aber nichts", sagt Frank. Und auch über den Vater von Reinkes jüngerer Schwester sei nichts bekannt. Sonnin zog nach einem Streit um den schnöden Mammon aus der Wohngemeinschaft aus – in die Baustube auf dem kleinen Michaelis-Kirchhof.

Ernst Georg Sonnin war Baumeister der zweiten Kirche. Der Vorgängerbau aus der Mitte des 17. Jahrhunderts (1647–1669) wurde von Peter Marquardt (um 1600–1672) und Christoph Corbinus errichtet. Doch am 10. März 1750 schlug der Blitz ein, erst knappe zwei Stunden später entdeckte man den Brand, der nun nicht mehr gelöscht werden konnte. Ein Jahr danach erfolgte die Grundsteinlegung für den Neubau unter Johann Leonhard Prey (um 1700–1757) und Ernst Georg Sonnin, der 1786 fertiggestellt war. Und wieder zerstörte das Feuer das prachtvolle Bauwerk. Diesmal waren aber Lötarbeiten und nicht der Blitz Ursache dafür, dass die Kirche am 3. Juli 1906 vollkommen zerstört wurde. Nur wenige Schätze blieben erhalten. Da der Michel schon seit langem Wahrzeichen war, entschloss man sich, das Gotteshaus nach altem Vorbild wiederaufzubauen – was auch erklärt, warum im 20. Jahrhundert ein barocker Bau errichtet wurde.

Während Sonnin am Bau des zweiten Michel arbeitete, war Dorothe Reinke bis zu ihrem Tod – sie starb sechs Jahre vor Sonnin – jedenfalls seine Haushälterin. Und vermutlich wesentlich mehr als das. „Das lässt sich zwar nicht beweisen", sagt Frank. „Aber neben Sonnin sind in seinem Grab auch seine Haushälterin und ihre Tochter bestattet." Und warum, wenn nicht aus Liebe, sollte er seine Grabstätte mit seiner Haushälterin und sogar ihrer Tochter teilen?

Eva-Maria Bast

So geht's zum Medaillon:

Das Sonnin-Medaillon befindet sich auf der Südwestseite des Michel-Kirchenschiffs. Die Grabplatte findet man in der Krypta, die über eine Treppe, direkt gegenüber dem Kassenhäuschen, erreichbar ist.

Brigitte Abramowski vom Stadtteilarchiv Ottensen vor der kleinen Grotte am Altonaer Balkon.

25

Grotte

Attraktion hinter Gittern

Der Blick fast aller Menschen an diesem Ort kennt nur eine Richtung: Süden. Denn hier, am Altonaer Balkon, befindet sich Hamburgs wahrscheinlich beliebtester Ort, um „Schiffe zu gucken" und die Elbe zu genießen. Nicht gerade ein Geheimtipp also. Doch es gibt durchaus etwas sehr Geheimnisvolles an diesem Fleckchen Erde. Um es zu entdecken, muss man seinen Blick nach Westen richten. Am Rande des Platzes geht ein Weg hinab und nach einer Kurve taucht, geschützt von Gitterstäben, eine kleine Grotte auf. Nur ein paar Quadratmeter groß ist sie, ziemlich verwinkelt, und vor allem scheint sie überhaupt nicht hier herzupassen. Eine Höhle mit fremdartig strukturiertem Gestein direkt am Elbufer? In der Tat hat Menschenhand die Grotte geformt, nicht die Natur. „Das war einmal ein künstlicher Wasserfall", sagt Brigitte Abramowski. „Und den hat man geschaffen, weil kein Wasser verschwendet werden sollte."

Ein Wasserfall, um Wasser zu sparen – das klingt erst einmal absurd. „Das hat mit dem großen Stuhlmann-Brunnen zu tun", erklärt die Mitarbeiterin des Stadtteilarchivs Ottensen, die hier regelmäßig Rundgänge organisiert. Dieser opulente Brunnen, der ein paar Hundert Meter weiter zwischen Rathaus und Bahnhof steht (siehe Geheimnis 33) wurde 1900 eingeweiht und machte wegen des enormen Wasserverbrauchs den Vätern der damals eigenständigen Stadt Altona Sorgen. Es gab nämlich keinen Wasserkreislauf, alles floss in die Kanalisation beziehungsweise die Elbe. Gleiches galt für zwei weitere Springbrunnen am Kaiserplatz, dem späteren Adolf-Hitler-Platz, der vor und nach dem Dritten Reich Platz der Republik hieß.

Diese Treppe führt von der Grotte hoch zum Altonaer Balkon mit seinem wunderschönen Elbblick.

Die sparsamen Altonaer ließen das Wasser also nur zu bestimmten Uhrzeiten fließen und dachten sich dann, dass man mit dem Abwasser doch noch mehr anfangen könnte. „Also wurden Leitungen zum Altonaer Balkon verlegt, um mit dem Wasserfall eine Touristenattraktion zu schaffen", sagt Abramowski. Der Elbhang war schon seit dem 18. Jahrhundert ein beliebtes Ausflugsziel und zeitweise in ganz Europa berühmt, weil der Franzose Cesar de Rainville (1767–1845) dort ab 1798 ein erstklassiges Restaurant betrieb. Der Dichter Heinrich Heine (1797–1856) nannte den Ort „wunderlieblich". Damals stand dort ein prächtiges Landhaus mit einem riesigen Park. Der versteckte Park an der Grotte lockte nach 1900 auch viele Liebespaare an. „Manche nannten ihn später Kürbispark", sagt Abramowski, weil viele der geheimen Treffen dort zu Schwangerschaften führten.

„Das war einmal ein künstlicher Wasserfall. Und den hat man geschaffen, weil kein Wasser verschwendet werden sollte."

Warum aber ist die Grotte heute abgesperrt? Das hat leider etwas mit Vertreibung zu tun. Denn der geschützte Platz war ein beliebter Unterschlupf für Obdachlose. Nun sitzt die Grotte hinter Gittern.

Sven Kummereincke

So geht's zur Grotte:

Vom südlichen Ende des Altonaer Rathauses über die Klopstockstraße Richtung Elbe gehen. Am rechten Rand des kleinen Parks führt eine Treppe hinab – direkt zur Grotte.

Claudia Thorn findet das Jugendstiltor bemerkenswert.

26 Steinerne Tiere
Mit Seehunden fing alles an

Wer Kinder hat und im Schanzenviertel wohnt, wird ihn vielleicht kennen, den großen steinernen Löwen, der auf der Rückseite der Schule in der Ludwigstraße sitzt und den Kleinen auf dem Pausenhof beim Toben zusieht. Mit diesem Löwen hat es eine ganz besondere Bewandtnis, erinnert er doch daran, dass sich hier, wo heute Kinder toben, einst der erste Hagenbeck'sche Tierpark befand, der, inzwischen längst in Stellingen ansässig, zu einer norddeutschen Institution geworden ist.

Alles begann im Jahre 1848, als Gottfried Claes Carl Hagenbeck (1810–1887), seines Zeichens Fischhändler, in St. Pauli Seehunde ausstellte. 15 Jahre später besaß er ein kleines Tierhandelsgeschäft am Spielbudenplatz 19. Sein Sohn Carl hatte die Liebe zu Tieren geerbt und übernahm 1866 die Geschäfte. Unter Carl Hagenbeck (1844–1913) wuchs das Unternehmen rasch zum größten Tierhandelshaus der Welt an. Er richtete am Neuen Pferdemarkt 13 „Hagenbeck´s Thierpark" ein, der bis an die Ludwigstraße reichte. Es ging erfolgreich weiter: 1887 eröffnete Carl Hagenbeck einen Zirkus und 1896 entwickelte er die erste gitterlose Freianlage der Welt, erfand zudem ein transportables Freigehege und nahm seine Tiere mit auf Reisen.

Der steinerne Löwe.

1907 war es dann so weit: Hagenbeck zog an den heutigen Standort in Stellingen um und eröffnete dort den ersten gitterlosen Tierpark der Welt. Die Söhne Heinrich und Lorenz traten in die Fußstapfen ihres Vaters und führten den Tierpark weiter. Zwar wurde der Park in Stellingen im Zweiten Weltkrieg weitgehend zerstört, doch Familie Hagenbeck baute ihn Stein für Stein wieder auf.

Ein prachtvolles Tor, das immer noch zu sehen ist und das die Hamburger Historikerin Claudia Thorn äußerst bemerkenswert findet, bildete damals den Eingang. Bemerkenswert nicht zuletzt deshalb, weil es heute oftmals unbeachtet bleibt. „Denn es gibt inzwischen einen neuen Eingang, das Tor befindet sich jetzt innerhalb des Tierparks, an dessen südlichem Rand. Besucher finden den alten Eingang nur noch, wenn sie auf ihrem Weg durch den Tierpark daran vorbeikommen." Seit dem großen Umbau im Jahre 2003 gehen die Menschen auf dem Weg in den Tierpark nicht mehr durch das ursprüngliche Eingangstor, das heute unter Denkmalschutz steht und ein wenig in Vergessenheit geraten ist. Nun befindet sich der Eingang an der Koppelstraße.

Auf dem Tor sind riesige Tiere zu sehen, aber auch fremde Völker, war Hagenbeck doch auch für seine Völkerschauen bekannt. „Damals wurden die sogenannten Völkerschauen als exotisch empfunden und zogen ein großes Publikum an. Erst viel später sah man die Zurschaustellung fremder Kulturen kritisch", sagt Claudia Thorn. Das Eingangsportal mit den naturalistischen Plastiken und Jugendstilornamenten sei deshalb nicht nur ein architektonisches Highlight des Tierparks, sondern auch ein Zeugnis des kolonialen Erbes um die Wende vom 19. zum 20. Jahrhundert, meint die Historikerin.

Hagenbecks Tiere hätten, könnten sie sprechen, viel zu erzählen: die lebendigen von der Vielfalt der Arten – und die steinernen an der Schule in der Ludwigstraße und auf dem Tor von der wechselvollen Erfolgsgeschichte des Tierparks.

Eva-Maria Bast

So geht's zu den steinernen Tieren:

Der Löwenkopf befindet sich auf der Rückseite der Schule in der Ludwigstraße. Man erreicht ihn über die Sternstraße. Das Tor kann man von der Hagenbeckstraße aus sehen, am Zaun zum Tierpark Hagenbeck – in der Nähe der scharfen Linkskurve, die die Hagenbeckstraße vor dem Tierpark macht.

Helmke Kaufner vor der Bunkerruine am Rüschkanal.

27

U-Boot-Bunker
Grauer Koloss aus dunklen Zeiten

Eigentlich ist es ein malerischer Ort: Man ist direkt an der Elbe, gleich rechts liegt der kleine Yachthafen Rüschkanal. Doch man ist auch in einem riesigen Industriegebiet, denn auf der anderen Seite beginnt das große Werksgelände von Airbus mit seiner 3,5 Kilometer langen Start- und Landebahn, auf der auch die gewaltigen A380 regelmäßig abheben. Und zwischen diesen beiden Gegensätzen befindet sich ein Relikt aus dem Dritten Reich, das sich trotz aller Bemühungen als unzerstörbar erwiesen hat: der

U-Boot-Bunker „Fink II". „Hier sind während des Krieges Hunderte gestorben, vor allem Kriegsgefangene, KZ-Häftlinge und Zivilisten", sagt Helmke Kaufner. Sie lebt mit ihrem Mann Peter – beide sind Dokumentarfilmer – seit 1973 auf Finkenwerder und hat es sich zur Aufgabe gemacht, die Erinnerung zu bewahren.

Der U-Boot-Bunker wurde 1941 bis 1944 gebaut: von Zwangsarbeitern unter unmenschlichen Bedingungen. „Die Betonwände sind vier Meter dick und es gab fünf Boxen, in denen jeweils zwei Boote Platz fanden", erzählt Helmke Kaufner. Es war nicht nur einfach ein Bunker, sondern auch Ausrüstungsplatz und Ausbildungsstätte für die U-Boot-Fahrer. Das Areal liegt zwischen Elbe und Rüschkanal, die Öffnungen der Bunkerboxen zeigten gen Süden. „Auf dem heutigen Airbus-Gelände war ein Marinestützpunkt", sagt die Dokumentarfilmerin. Dort wurden auch Seeleute des verbündeten Japan ausgebildet. „Die Alten erinnern sich noch, dass der Anblick der Asiaten damals eine Sensation für die Kinder war."

Der U-Boot-Bunker diente auch als Schutzraum für die Zivilbevölkerung bei Bombenangriffen – und davon gab es auf das militärische Areal reichlich. Kaufner: „Die Zwangsarbeiter und KZ-Häftlinge, für die 1944 hier ein Außenlager errichtet worden war, durften zwar auch hinein, aber erst beim letzten Alarm." Das war meist nur wenige Minuten vor dem Bombenhagel, sodass viele es nicht schafften. Der verheerendste Angriff der Alliierten erfolgte wenige Wochen vor Kriegsende: am 9. April 1945. Die Briten setzten Spezialbomben ein und schafften es, den Bunker zu knacken – die Decke stürzte ein, viele kamen um.

„Nach dem Krieg versuchten die Briten den Bunker zu sprengen – ohne großen Erfolg", erzählt Helmke Kaufner. So blieb eine Ruine, allerdings eine für die Finkenwerder sehr ertragreiche. „Dort lagerten Unmengen Metalle, Werkzeuge, Maschinen, Lebensmittel und Kleidung", berichtet sie. „Und alle bedienten sich." In diesen Jahren sollen auffallend viele Einwohner eine schwarze Lederjacke besessen haben, wie sie die U-Boot-Fahrer trugen.

Die zum Teil gesprengten Decken des Bunkers hat man später abgetragen, sodass nur noch die Fundamente zu sehen sind, der Rest wurde zugeschüttet. Die Zerstörung der Fundamente wäre viel zu teuer geworden, also blieben sie stehen. Als Airbus Anfang des Jahrtausends sein Werksgelände erweiterte, stellte die Denkmalbehörde den alten Bunker 2006 unter Schutz. „Es wurde schwarze Schlacke als Symbol für eine dunkle Zeit aufgeschüttet", sagt Kaufner. Doch da das Denkmal nicht gepflegt wird, wuchert langsam alles zu: Die Natur erobert den Bunker. Betreten darf das Areal niemand, auch weil es in der Einflugschneise von Airbus liegt. Doch im Sommer schwimmen manchmal einige hinüber, es ist ja auch ein stilles Plätzchen für Pärchen. Der alte Slogan der Studentenbewegung, „make love, not war", ist an dieser Stelle sicher nicht die schlechteste Idee.

Bunkeransicht von Osten, im Hintergrund das Airbus-Werk.

Sven Kummereincke

So geht's zum Bunker:

Den Bunker erreicht man mit der Hadag-Hafenfähre (Linie 64). Bis zum Anleger Rüschpark fahren, dann etwa 500 Meter nach rechts gehen.

Deckenmalerei
Kaufmann Mellin hätte sich gefreut

Sie wirken ein wenig, als wären sie aus der Zeit gefallen, die malerischen Passagen im venezianischen Baustil am Rathausmarkt, die direkt an der Kleinen Alster liegen. Wer sie betritt, kann sich ihrem Zauber und ihrem Charme kaum entziehen, viele Menschen, die sonst vorübereilen würden, verlangsamen hier ihren Schritt, schauen sich um, verweilen. Doch die Auslagen in den Schaufenstern sind so einnehmend, dass kaum jemand einmal den Blick hebt. Wer es dennoch tut, ist überrascht: Die Decke im nordwestlichen Teil ist prachtvoll bemalt, ebenso die Wände über den Schaufenstern. „Mellin's Nahrung", steht hier beispielsweise in kunstvoller Schrift zu lesen.

Mellin's Werbung ist immer noch zu sehen.

„Dieser Mellin war Bisquitbäcker und handelte mit Kolonialwaren", erklärt Stadtführerin Nicola Janocha. „Das war seine Art, Werbung zu machen." Anscheinend hatte Mellin auch ausländische Kunden. Denn gegenüber dem Schriftzug „Mellin's Nahrung" steht zu lesen: „Mellin's Food."

Bei den 1864 erbauten Passagen handle es sich um die älteste und kürzeste Einkaufspassage Hamburgs, erzählt Nicola Janocha.

Nicola Janocha blickt zu den Schriftzügen empor.

„Die Damen vom Jungfernstieg konnten hier bequem bummeln, ohne sich schmutzig zu machen. Schließlich war es überdacht und gepflastert."

Zwischenzeitlich waren die mehrsprachigen Hinweise auf Mellin's Sortiment aber verschwunden. „Die Werbung war übermalt worden", sagt die Stadtführerin. Als es dann an Silvester 1989 in einem dort untergebrachten vegetarischen Restaurant brannte, habe man beim Wiederaufbau die Jugendstilarbeiten wiederentdeckt und umfangreich restauriert.

Kaufmann Mellin würde sich sicher sehr freuen, wenn er wüsste, dass seine Werbung heute wieder zu sehen ist und an ihn, sein Ladengeschäft und seine Backwaren erinnert.

Eva-Maria Bast

„Die Damen vom Jungfernstieg konnten hier bequem bummeln, ohne sich schmutzig zu machen."

So geht's zur Deckenmalerei:

Die Passagen befinden sich am Neuen Wall 13. Die Decken- und Wandmalerei ist im nordwestlichen Teil zu sehen.

Der denkmalgeschützte Eingang zur Adolf-Jäger-Kampfbahn.

29
Schwarz-weiß-rote Steine
Vom Exerzierplatz ins Stadion

Interessant ist es da, wo der Putz abgebröckelt ist. An der Rückseite des weiß getünchten Haupteingangs sieht man alte Mauersteine in Schwarz, Weiß und Rot. Das sind die Farben eines der traditionsreichsten Fußballvereine Deutschlands: des Altonaer Fußball-Clubs von 1893, kurz Altona 93. Und das Stadion, die Adolf-Jäger-Kampfbahn an der Griegstraße, ist wiederum eines der ältesten bundesweit. 1909 wurde es eingeweiht. Bei so viel Tradition verwundert es nicht, dass der Eingangsbereich unter Denkmalschutz steht.

Altona 93 hat sportlich zwar schon bessere Zeiten erlebt, ist aber noch immer ein sehr lebendiger Verein mit großer Anhängerschaft, für viele längst ein Kult-Club. Was aber nur wenige wissen: Er war Ausrichter der ersten Deutschen Fußballmeisterschaft im Jahre 1903. Und das ist eine Geschichte von Reeperbahn-Bummeln, gefälschten Telegrammen und einem nicht vorhandenen Ball.

Der Deutsche Fußball-Bund (DFB) ist gerade mal drei Jahre alt, als 1903 die erste Deutsche Meisterschaft organisiert wird. Fußball ist noch nicht sonderlich populär, viele halten das Turnen für die einzig wahre deutsche Sportart und lehnen das aus England kommende Gekicke ab. Gerade einmal 68 Vereine – darunter Altona 93 und der SC Victoria Hamburg – gehören zu den Gründungsmitgliedern des DFB. Und bei der ersten Meisterschaft wollen sogar nur sechs Vereine mitmachen, die anderen scheuen die langen und teuren Reisen, für die die Spieler selbst aufkommen müssen.

Altona schied im Halbfinale beim VfB Leipzig aus, der im Endspiel gegen den DFC Prag antrat. Prag? Die Stadt gehörte damals zu Österreich-Ungarn. Aber weil in dem Verein viele deutsche Studenten spielten, durften sie an der Meisterschaft teilnehmen – und sind ohne Sieg ins Finale gekommen. Im Viertelfinale konnten sie sich mit dem Gegner Karlsruhe nicht über den Austragungsort einigen. Und weil die Zeit drängte, ließ man einfach beide ins Halbfinale einziehen, das in Leipzig stattfinden sollte. Doch ein Prager schickte ein gefälschtes Telegramm nach Karlsruhe, in dem von einer Spielverlegung die Rede war. Also traten die Karlsruher nicht an – und Prag zog ins Finale ein. Fair Play sieht anders aus.

Unter dem Putz sieht man die alten Steine in den Vereinsfarben.

Am 31. Mai 1903 standen sich also Leipzig und Prag in Altona gegenüber. Weil es in Hamburg noch kein Stadion gab, ja nicht einmal feste Fußballplätze, wurde das historische Spiel auf dem Exerzierplatz in Bahrenfeld, einem Altonaer Stadtteil, ausgetragen. Franz Behr (1875–1944), Gründungsmitglied und bester Stürmer von Altona 93, hatte eine Menge zu tun: Tore aufbauen, Spielfeld abstecken, Eintrittsgeld kassieren. Und er war der Schiedsrichter der Partie, die er um 16 Uhr anpfeifen wollte. Aber nicht konnte – denn es war kein Ball da. Nachdem jemand zum Altonaer Clubheim gefahren war und einen besorgt hatte, konnte es endlich losgehen. Zur Halbzeit stand es 1:1. Doch dann stellte sich der ausgiebige Reeperbahn-Besuch der Prager am Abend zuvor als wenig leistungsfördernd heraus. Sie brachen völlig ein und verloren das Spiel mit 7:2. Ein würdiger Meister wären sie nach all den Trickserien auch nicht gewesen.

Die alten Stehtraversen im Stadion versprühen einen maroden Charme.

Den Exerzierplatz gibt es längst nicht mehr, dort steht heute ein Gewerbegebiet. Seit ein paar Jahren erinnert immerhin eine Gedenktafel an das historische Spiel. Ein Besuch beim Gastgeber der Ersten Deutschen Fußballmeisterschaft an der Griegstraße lohnt sich aber nicht nur für Fußball-Romantiker. Schon allein der schöne Eingang ist es wert. Und – auch wenn der Putz bröckelt – das, was darunter verborgen ist: steinerne Tradition in Schwarz, Weiß und Rot.

Sven Kummereincke

So geht's zu den schwarz-weiß-roten Steinen:

Das Stadion steht an der Griegstraße in Altona.

Barbara Edye deutet auf die Wappen an der Alten Post, die viel über die Geschichte des Gebäudes erzählen.

30 Alte Post
Briefe aufzugeben war nicht einfach

Nein. Früher war eben nicht alles besser. Damit sei all jenen Mut zugesprochen, die sich, vor allem an Weihnachten, wenn Geschenke und Weihnachtsgrüße an die Lieben in aller Welt verschickt werden, über die langen Schlangen vor dem Postamt ärgern. Ob die Schlangen früher länger waren, ist nicht gesagt. Klar ist aber, dass man an mehreren Schlangen anstehen musste, wenn man Menschen beschenken wollte, die in verschiedenen Teilen Deutschlands oder der Welt lebten. Denn im 19. Jahrhundert gab es keineswegs eine einheitliche Deutsche Bundespost, bei der man obendrein auch noch ins Ausland verschicken konnte, sondern viele kleine Postanstalten. Davon kündet noch die Alte Post, heute ein Geschäftshaus, mit ihren vier Eingängen. Am 2. Januar 1848 eröffnete hier die Hamburgische Stadtpost. Hinter den anderen Türen boten das Fürstlich Thurn und Taxis'sche Oberpostamt, das Königlich Hannoversche Oberpostamt und die Königlich Schwedische Post ihre Dienste an.

„Über jedem Eingang hängt das Wappen des Postamtes, das damals dort untergebracht war."

„Über jedem Eingang hängt das Wappen des Postamtes, das damals dort untergebracht war", erzählt Stadtführerin Barbara Edye. Je nachdem, wohin die Post gehen sollte, musste man sich also mehrmals anstellen, um mehrere Sendungen aufzugeben. „Mit der gemeinsamen Post versuchte man, wenigstens vier Postanstalten in einem Gebäude unterzubringen", sagt Edye. Wenigstens vier? Wenigstens vier! Denn es gab noch weitere in Hamburg. Das Preußische Ober-Postamt, die Mecklenburgische und die Dänische Post waren in eigenen Gebäuden stationiert. Und bis ins Jahr 1835 gab es auch noch ein Braunschweigisches und von 1848 bis 1852 ein Schleswig-Holsteinisches Postamt.

Zwei der Wappen am Eingang der alten Post.

Woher die Leute wussten, von welchem Postamt aus sie ihre Post schicken sollten? Dafür gab es ein eigenes Verzeichnis. Und wer regelmäßig verschickte, wusste irgendwann, auf welcher Postanstalt er welche Sendung abgeben musste. Auch die Lieferungen ins

Ausland waren klar gegliedert: Briefe und Päckchen nach England und nach Übersee liefen über die Stadtpost. Wer nach Frankreich, Italien, Portugal, Spanien, Belgien und in die Schweiz verschicken wollte, musste seine Post bei der Thurn- und Taxis'schen Post aufgeben. Für Russland, Polen, Österreich und die Türkei war die Preußische Post zuständig. Und um Briefe nach Skandinavien kümmerten sich die Dänische und die Schwedisch-Norwegische Post.

1868 wurde der Norddeutsche Postbezirk gegründet und die Hamburgische Post ging an das Norddeutsche Bundes-Oberpostamt über. Am 18. Januar 1871 wurde Wilhelm I. (1797–1888) Kaiser des neu entstandenen Deutschen Reichs. Ein knappes Jahr später, am 1. Januar 1872, wurde die Verfassung des Deutschen Reiches und damit auch ein Gesetz über das Postwesen rechtskräftig. Das Post- und Telegraphenwesen war auf das Reich übergegangen, der Grundstein zu mehr Einheitlichkeit gelegt.

Und wenn Barbara Edye heute ihre Päckchen und Pakete aufgibt, dann ist sie froh, dass sie nur ein einziges Mal anstehen muss.

Eva-Maria Bast

So geht's zur Alten Post:

Die Alte Post steht in der Poststraße 11. Die Wappen hängen über den vier Eingängen.

Kai-Uwe Scholz vor dem Grab von Klopstock und seinen Ehefrauen.

Klopstock-Grab
Der große Dichter und die kleine Kirche

Kopfhörer sollte man an diesem Ort tragen. Schalldichte, wie Bauarbeiter oder Holzfäller sie benutzen. Dann ist der Besuch wie eine Zeitreise und man befindet sich an einem Ort, der sehr romantisch, fast ein wenig verwunschen wirkt, etwas verwildert und irgendwie geheimnisvoll. Dabei befindet er sich mitten in der Großstadt: Der Hafen ist nah, das Altonaer Rathaus, die Max-Brauer-Allee – und damit eben auch der Lärm. Da passen diese kleine, alte Backsteinkirche und der Friedhof so gar nicht hinein, doch genau das macht den Kirchhof so besonders. Zumal dort seit mehr als 200 Jahren ein Mann begraben liegt, der verehrt wurde wie ein Popstar. Jahrzehntelang war sein Grab ein Wallfahrtsort für seine Anhänger, er wurde zum Namensgeber für die Kirche – doch heute weiß kaum mehr jemand etwas mit ihm anzufangen: Friedrich Gottlieb Klopstock (1724–1803).

Umgeben von einem eisernen Zaun, unter einer alten Buche, liegt der Aufklärer, Schöpfer des Gesangsepos „Messias", der den Begriff der „Innerlichkeit" prägte, unter einem mächtigen Grabstein.

„Als er 1803 beerdigt wurde, gab es eine große Prozession zu seinem Grab. Manchen Berichten zufolge sollen 20.000 Menschen dabei gewesen sein", sagt Kai-Uwe Scholz. Die nach dem dänischen König Christian VI. (1699–1746) benannte Christianskirche war bereits 1738 erbaut worden: ein schlichter Backsteinbau mit einem einfachen Turm. So einfach, dass der Volksmund von der Kirche als einen „Krintenspieker", einem Korinthenspeicher, sprach. „Es gibt auch kein Bild der frühen Kirche, sie war genau wie das Dorf Ottensen wohl zu unbedeutend", sagt Scholz, der sich als Gemeindemitglied, Literaturwissenschaftler und Journalist mit der Geschichte des Ortes befasst hat.

„Als er 1803 beerdigt wurde, gab es eine große Prozession zu seinem Grab. Manchen Berichten zufolge sollen 20.000 Menschen dabei gewesen sein."

Erst das Grab des großen Dichters machte die Kirche berühmt. Und während Kirchenbilder sonst eigentlich immer die Ansicht des Hauptportals zeigen, ist die Christianskirche meist aus südlicher Richtung dargestellt worden: mit dem Klopstock-Grab im Vordergrund. Das hatte eine so große Anziehungskraft, dass reiche und berühmte Männer unbedingt in seiner Nähe begraben werden wollten (siehe Geheimnis 21).

Der 1724 in Quedlinburg geborene Klopstock war der Liebe wegen nach Hamburg gekommen. Auf der Durchreise nach Dänemark hatte er Margareta Moller kennengelernt, die er 1754 heiratete. Dieser großen Liebe war kein langes Glück beschieden, „Meta" starb bereits 1758 und wurde an der Christianskirche, die später im Volksmund Klopstockkirche genannt wurde, begraben. Seitdem stand fest, dass auch Klopstock hier seine letzte Ruhestätte finden würde.

Seine größte Bedeutung bestand wohl darin, dass er so großen Einfluss auf nachfolgende Dichtergenerationen hatte. Er war der Erste, der Hexameter im Deutschen verwendete; er war der Aufklärung verpflichtet, aber nicht der reinen Vernunft, sondern der „Empfindsamkeit". So wurde er zum Wegbereiter des „Sturm und Drang", mit dem junge Poeten wie Goethe, Schiller und Herder berühmt wurden.

Nach einigen Jahren in Kopenhagen zog Klopstock 1771 wieder nach Altona und blieb dort – unterbrochen von einer kurzen Zeit in Baden – bis zu seinem Tod. Mit 67 Jahren heiratete er noch einmal, bezeichnenderweise die Nichte seiner verstorbenen Frau, die nach ihrem Tod ebenfalls neben ihm bestattet wurde.

Begraben wird auf dem Kirchhof schon lange niemand mehr, die letzte Beerdigung fand 1922 statt. Manche Grabsteine sind kaum noch leserlich, einige Gräber verwildert. Verschwunden ist auch das Dorf Ottensen, das erst von Altona, dann

Der Dichter Friedrich Gottlieb Klopstock wurde 1803 hier begraben und machte die kleine Kirche berühmt.

von Hamburg eingemeindet wurde. Doch wer auf dem Kirchhof steht, der kann ahnen, welch „wunderlieblicher Ort" (Heinrich Heine) hier einmal gewesen ist.

Und in diesen kann man sich mit Kopfhörern über den Ohren wesentlich besser hineinversetzen. Dann hört man zwar kein Vogelgezwitscher – aber eben auch keinen Verkehrslärm.

Sven Kummereincke

So geht´s zum Kirchhof:

Die Christianskirche liegt direkt westlich neben dem Altonaer Rathaus. Das Klopstock-Grab findet man, wenn man südlich des Baus, direkt am Eingang zum Kirchhof, an der Klopstockstraße steht.

Kiosk
Als die Beatles ihre Zigaretten einzeln kauften

Edith Plog hat immer gewusst, dass mal was wird aus diesen „Hungerhaken", wie sie Paul McCartney (geb.1942) und John Lennon (1940–1980) nannte, die an ihrem Kiosk in St. Pauli Zigaretten einzeln kauften. Ob die Musiker aus England wussten, dass die Kiosk-Besitzerin sie als „Hungerhaken" bezeichnete, ist nicht bekannt. Fragen kann man Edith Plog auch nicht mehr, denn sie weilt nicht mehr unter den Lebenden. Und ihrer damaligen Nachbarin Melanie Mehring hat sie eben nur erzählt, dass die „Hungerhaken" McCartney und Lennon Zigaretten bei ihr kauften. Und dass sie eben immer wusste, dass aus den beiden mal etwas wird. Die Beatles wussten damals noch nicht, was Edith Plog wusste, höchstens haben sie vielleicht davon geträumt, als ihre Karriere am Abend des 17. August 1960 in Hamburg ihren Anfang nahm: Sie spielten erstmals auf einer deutschen Bühne in der „Großen Freiheit". Der Unternehmer Bruno Koschmider hatte sie nach Hamburg geholt, 48 Mal traten die Beatles im „Indra" auf – die Zuhörer waren zu jener Zeit vor allem Prostituierte und ihre Kunden. Die Arbeitszeit: viereinhalb Stunden wochentags und sechs Stunden am Wochenende. Zwischendurch blieb dann wohl Zeit für eine Zigarette und der Weg führte die „Hungerhaken" zu Edith Plogs Kiosk.

Hier kauften die Beatles einst ihre Zigaretten.

Melanie Mehring vor dem Kiosk ihrer früheren Nachbarin.

Am 3. Oktober 1960 spielten die Beatles letztmals im „Indra", einen Tag später ging es dann 58 Abende lang im „Kaiserkeller" weiter. Die englischen Musiker hatten damals schon Kontakte zum „Top Ten Club" geknüpft und wollten dorthin wechseln – und auf einmal waren sie in größten Schwierigkeiten: Bandmitglied George Harrison (1943–2001) wurde abgeschoben. Begründung: Der 17-Jährige sei zu jung für Auftritte in Nachtclubs. Zeitgleich beschuldigte man Paul McCartney und Pete Best (geb.1941) der Brandstiftung – die „Pilzköpfe" mussten Deutschland verlassen. Doch ihren Auftritt im „Top Ten Club" ließen sie sich nicht nehmen: Am 1. April 1961 kamen sie wieder und spielten 92 Nächte lang, sieben Stunden jeden Abend, am Wochenende waren es acht, bis zum 1. Juli 1961. 1962 folgten Auftritte im „Star Club", 1966 spielten sie dann in der „Ernst-Merck-Halle". Die steht seit den 1980er-Jahren nicht mehr, etwa so lange, wie die Klavierlehrerin Melanie Mehring stolze Bewohnerin von St. Pauli ist. Sie zog vor 30 Jahren ganz bewusst hierher. „Es ist ein Stück freies Gebiet und man darf hier so sein, wie man ist", sagt sie und lehnt sich fast schon liebevoll an den Kiosk, der den Beatles angenehme Pausen bescherte und der mit seinen heruntergelassenen Rollläden, kunterbunt vor lauter Graffiti, gewissermaßen wie ein Kunstwerk wirkt.

Ob die Beatles, als sie dann Weltstars wurden, manchmal noch an diesen Kiosk zurückdachten? Und an Edith Plog, die ihnen ihre Zigaretten einzeln verkaufte?

Eva-Maria Bast

So geht's zum Kiosk:

Der Kiosk steht in der Talstraße 19. Er ist heute geschlossen.

Brigitte Abramowski vor dem imposanten Stuhlmann-Brunnen.

Stuhlmann-Brunnen
Kampf der Nachbarn

Eines ist unstrittig: Er ist imposant. Und er lässt kaum jemanden kalt. Für manche eine Scheußlichkeit, für andere von beeindruckender Schönheit, für viele mit Kindheitserinnerungen verbunden, ist der Stuhlmann-Brunnen auf dem Platz der Republik, zwischen Bahnhof und Rathaus, für die meisten ein Stück Altonaer Geschichte.

Es gibt eine Menge zu erzählen über diesen Brunnen – da geht es um Fischfang und Industrialisierung, um Bahnhöfe und Wasserwerke,

Eingemeindungen und den erbitterten Konkurrenzkampf zwischen Altona und Hamburg. Am besten fängt man mit dem Namensgeber an. Das war nicht der Schöpfer – der Berliner Bildhauer Paul Türpe (1859–1944) – sondern der Stifter Günther Ludwig Stuhlmann (1797–1872). Und der war bei der Einweihung am 1. Juni 1900 schon fast drei Jahrzehnte tot. Wie das kam?

Stuhlmann, 1797 geboren, war ein findiger Unternehmer, der 1854 die Konzession für Gas- und Wasserwerke in der damals eigenständigen Stadt Altona erhielt. Eine segensreiche Idee. Denn das Elbwasser wurde in Blankenese der Elbe entnommen und gereinigt, bevor es in die Leitungen gelangte – im Gegensatz zu Hamburg, wo ungefiltertes Elbwasser aus den Wasserhähnen kam. Deshalb gab es bei der großen Cholera-Epidemie 1894 in Hamburg über 8000 Tote, in Altona aber nur einige Dutzend. Stuhlmann vermachte in seinem Testament seiner Vaterstadt eine große Summe und verfügte unter anderem den Bau eines großen Zier-Brunnens, was ja im Flachland ohne natürlichen Wasserdruck erst durch sein Leitungsnetz möglich geworden war.

Die beiden Zentauren ringen um einen Fisch.

In den Jahren um die Wende zum 20. Jahrhundert erfand sich Altona neu. „Die ehemaligen Dörfer Ottensen und Bahrenfeld waren eingemeindet worden, die Industrialisierung ging in rasendem Tempo voran", erzählt Brigitte Abramowski, die im Stadtteilarchiv Ottensen arbeitet. Es wurde ein neuer Hauptbahnhof errichtet, der alte erweitert und zum Rathaus umgebaut. Zwischen beiden Gebäuden entstand der Kaiserplatz mit der Bahndirektion und dem Hotel Kaiserhof als neues, repräsentatives Zentrum des vergrößerten Altona. Und genau dort sollte der Brunnen stehen.

In seiner künstlerischen Gestaltung ist er typisch für die damalige Zeit mit ihrer Vernarrtheit in die klassische Antike. Es wimmelt von

Sagengestalten aus der griechischen Mythologie. So sind die beiden Hauptfiguren Zentauren: halb Mensch, halb Pferd. Sie kämpfen mit einem Fisch – oder kämpfen sie um einen Fisch? Manche sagen, der Fisch als Vertreter der Meeresbewohner wehre sich dagegen, dass die Menschen als Fischer die Seinen aus dem nassen Reich entführen wollen. „Für die meisten Altonaer war die Botschaft dagegen immer eine andere: Die Zentauren symbolisieren Hamburg und Altona, die miteinander ringen", sagt Abramowski.

> *„Die Zentauren symbolisieren Hamburg und Altona, die miteinander ringen."*

Nun ist Hamburg viel älter und war zu jeder Zeit viel größer als die Nachbarstadt. Beim Fischfang allerdings, da hat der Kleine dem Großen den Rang abgelaufen: Altonas Fischereiflotte und seine Fischindustrie war damals in der Tat bedeutender als die Hamburgs. Mehr als 100 große Betriebe gab es, jede dritte im Deutschen Reich verkaufte Fischkonserve kam aus Altona, das sich mit Recht als wichtigsten deutschen Fischindustrie-Standort bezeichnen durfte.

Fisch hatte damals eine ungleich größere Bedeutung als heute. Sehr viel billiger als Fleisch, war er ein extrem wichtiger Nahrungsbestandteil, gerade für die ärmeren Bevölkerungsschichten. Und das war damals die weitaus größte Gruppe. So ist die Frage auch schnell geklärt, welche der beiden Figuren Altona symbolisieren soll. Für Lokalpatrioten jedenfalls. Es ist natürlich die höher aufragende, offenbar die Oberhand gewinnende!

Fisch hat für Hamburg und Altona seine einst große Bedeutung längst verloren. Aber es soll immer noch Altonaer geben, die sich nicht damit abfinden können, dass ihre Stadt seit 1937 nur noch ein Teil Hamburgs ist. Die schauen dann gern mal auf ihren Stuhlmann-Brunnen.

Sven Kummereincke

So geht's zum Stuhlmann-Brunnen:

Vom Bahnhof Altona Richtung Rathaus und Elbe gehen, der Brunnen steht inmitten des Parks an der Museumsstraße.

Börse
Nach Adam Riese ...

Wer kennt ihn nicht noch von früher, den Spruch aus der Mathestunde, als der Lehrer stolz verkündete, dass das Ergebnis nach Adam Riese so und so sein müsse? Adam Riese mag in der Phantasie manch eines Kindes getreu dem Motto „Nomen est Omen" ein sehr großer Mensch gewesen sein. Doch wer dieser Adam Riese eigentlich wirklich war, dürften viele Menschen ebenso wenig wissen, wie sie die Frage beantworten können, was er mit der Hamburger Börse zu tun hat. Zunächst zu Adam Riese: Nein, der 1492 geborene und 1559 verstorbene Mathematiker hatte seinen Namen nicht daher, dass er riesig gewesen wäre. Er hieß einfach so oder so ähnlich. Die Nachnamen variieren von Ries über Ris, Rys, Reyeß bis eben hin zur flektierten Form Riese. Seinen Bekanntheitsgrad erreichte er mit genau dem, was ihn auch mit der Hamburger Börse verknüpft: den Lehrbüchern zur Mathematik. Zur Popularität des Adam Ries trug sicherlich auch bei, dass man ihn verstand: Er schrieb seine Bücher nicht auf Latein, wie das damals üblich war, sondern auf Deutsch. Ries ist es auch maßgeblich zu verdanken, dass die römischen Zahlen in der Mathematik weitgehend durch arabische Ziffern ersetzt wurden. Insgesamt verfasste Adam Ries drei Rechenbücher, nämlich, Achtung, es wird kompliziert: das Werk „Rechenung auff der linihen", in dem er auf das Rechnen auf den Linien eines Rechenbretts eingeht. Das zweite Buch, „Rechenung auff der linihen und federn...", in dem er zusätzlich zum Rechnen auf dem Rechenbrett das Ziffernrechnen mit arabischen Ziffern beschreibt. Dieses Buch wurde mindestens 120 Mal aufgelegt und war Ursache für Adam Rieses Ruf als Rechenmeister. Das dritte Werk, „Rechenung nach der lenge/ auff den Linihen vnd Feder/.../Mit grüntlichem unterricht des visierens", erschien 1550. Hier geht Ries auch auf das „Visieren" ein, mit dem der Inhalt von Fässern berechnet werden konnte.

*Kathrin Enzel und Dagmar Groothuis
vor dem Lesesaal der Börse.*

Wie aber hängt all das mit der Hamburger Börse zusammen? Ganz einfach: In den Tiefen von deren Commerzbibliothek-Archiv schlummern, sicher hinter sieben schweren Türen verborgen, alle drei Originalexemplare des Adam Ries. Das wertvollste ist das erste, denn davon gibt es weltweit nur noch zwei. „Es stammt aus der zweiten Auflage, aus der ersten ist nichts mehr erhalten", erzählt Kathrin Enzel, Geschäftsführerin der Stiftung Hanseatisches Wirtschaftsarchiv bei der Handelskammer Hamburg, in deren Besitz der historische Safebestand der Bibliothek gestiftet wurde. Über diesen hinaus ist das Wirtschaftsarchiv Aufbewahrungsort für wirtschaftshistorische Dokumente, vor allem Firmenarchive von Hamburger Unternehmen, die das Archiv bei Fragen zur Unternehmensarchivpflege berät.

Das Rechenbuch des Adam Riese.

Von den anderen Rechenbüchern des Adam Ries gibt es noch mehrere Exemplare. Und wie kommt das kostbare Werk in die Bibliothek der Börse, die Commerzbibliothek? „Das hat was mit der Idee zu tun, die dem Aufbau der Bibliothek zugrunde liegt. Es ging damals bei der Gründung im Jahr 1735 darum, nicht nur zeitgenössische Werke anzuschaffen, sondern auch wichtige Bücher aus der Vergangenheit zu kaufen." Ziel, schmunzelt Enzel, sei gewesen, „bis zu Karl dem Großen zurückzukommen", also bis ins 8. und 9. Jahrhundert. „Aber das hat man nicht erreicht, dieses Ziel war zu hoch gesteckt." Den Bestand der Bibliothek habe man auf Auktionen zusammengesteigert. Wann und wo das Rechenbuch von 1525 in den Bestand der Börse kam, könne man nicht mehr exakt nachvollziehen.

Fest steht aber: Das kostbare Stück ging 1789 verloren und tauchte erst 1991 bei Umbaumaßnahmen wieder auf. Inmitten von Ratsverlautbarungen und Senatsmandaten. „Da hat man ganz selten reingeschaut", erklärt Bibliotheksleiterin Dagmar Groothuis. „Dass ein Buch falsch eingeordnet wird und dadurch nicht mehr zu finden ist, ist ein klassisches Bibliotheksproblem. Es war ein riesen Bohei, denn kurz nach dem Fund hat man festgestellt, dass es außer diesem weltweit nur noch ein weiteres Exemplar gibt." Allerdings war dieses erste Lehrbuch von Adam Riese in keinem guten Zustand, als man es 1991 wiederfand. „Es haben mehrere Seiten gefehlt", sagt Dagmar Groothuis. Kathrin Enzel ergänzt: „Das zweite Exemplar befand sich im Besitz der Columbia University, wir haben uns mit dortigen Spezialisten ausgetauscht und schließlich Faksimiles von deren Exemplar angefertigt und damit unsere Fragmente vom ersten Rechenbuch ergänzt." Seitdem ist es in Hamburg wieder vollständig für die Wissenschaft zugänglich.

„Adam Rieses Rechenbücher sind sehr praktisch ausgelegt und passen deshalb auch so gut in den Bestand der Bibliothek", sagt Groothuis. Denn die Idee war von vornherein, mit der Bibliothek die Wirtschaft zu fördern, indem man Kaufleuten Zugang zu praktischen Nachschlagewerken verschafft. Die Kaufleute brachten sich selber ein,

„Adam Rieses Rechenbücher sind sehr praktisch ausgelegt und passen deshalb auch so gut in den Bestand der Bibliothek."

erwarben erste Exemplare und stifteten sie. Und so ging es weiter: Es wurde Literatur gekauft, die für die Hamburger Kaufleute interessant sein könnte. Die Hamburger Sammlung wurde zur ersten Wirtschaftsbibliothek weltweit. „Das Besondere war, dass das keine Gelehrtenbibliothek war, sondern für alle zugänglich. Das ist sie übrigens bis heute – an sechs Tagen in der Woche können alle Interessierten in der Commerzbibliothek aktuelle Wirtschaftsliteratur lesen und ausleihen. Für damalige Zeiten war ein solch offener Zugang sehr modern", sagt Kathrin Enzel. Im Altbestand befinden sich auch Reisebeschreibungen, in denen erklärt wird, was für Rohstoffe es in den Ländern gibt, die die Hamburger Kaufleute bereisten. Und eben die Rechenbücher des Adam Ries.

Die Redewendung „nach Adam Riese" wurde übrigens nicht erst von unseren Lehrern erdacht: Schon im 18. Jahrhundert gebrauchte man sie häufig. In den 1782 erschienenen „Neue Miscellanien historischen, politischen, moralischen, auch sonst verschiedenen Inhalts" steht von einem „Sprüchwort" zu lesen, „das nicht allein in Schwaben, sondern auch in unsern Gegenden bekannt ist: Nach Adam Riesens Rechenbuch. (…) Er war ein Deutscher, lebte in Annaberg und seine Exempel waren so künstlich und sinnreich, daß man damals den für den vollkommensten Rechner hielt, der alles auflösen konnte, was in Adam Riesens Buch stand."

Ob das einem der Hamburger Kaufleute jemals gelungen ist, ist nicht dokumentiert.

Eva-Maria Bast

So geht's zur Börse:

Das prachtvolle Gebäude steht am Adolphsplatz 1. Die Commerzbibliothek gehört zur Handelskammer Hamburg und ist öffentlich zugänglich.

Matthias Gretzschel zeigt auf dem Domplatz ein Buch mit einer Abbildung des alten Doms.

Domplatz
Rummel in der Kirche

Es ist der geschichtsträchtigste Ort Hamburgs. Und man kann nicht gerade sagen, dass die Stadt sich sonderlich viel Mühe gegeben hat, darauf aufmerksam zu machen. Hier am Speersort südlich der Petrikirche, umgeben von Bürogebäuden und Straßen, ist ein kleiner Platz mit Rasenflächen angelegt. Nur ein kleines Schild weist darauf hin, dass hier Hamburgs Keimzelle ist: Im 8. Jahrhundert befand sich an dieser Stelle die „Hammaburg", eine nicht sehr imposante Holzbefestigung, die aber den Beginn der Stadt markiert und ihr den Namen gab. Etwas auffälliger sind da schon

39 weiße, quadratische Bänke, die nachts von innen heraus beleuchtet werden. „Sie geben den Grundriss der Haupthalle des Mariendoms wieder, der lange Hamburgs größte Kirche war", sagt Matthias Gretzschel, Journalist und Autor zahlreicher Bücher über Hamburgs Geschichte. Der Dom wurde 1805 abgerissen, sein Name aber lebt weiter. Allerdings steht er heute weniger für Glauben als für Vergnügen: das größte Volksfest der Stadt – den Dom eben, den es dreimal jährlich auf dem Heiligengeistfeld gibt. Nur dass es in Hamburg eben nicht Rummel, Kirmes oder Jahrmarkt heißt. Warum aber?

„Die Geschichte reicht weit bis ins Mittelalter", erzählt Matthias Gretzschel. Hamburg war von Beginn an eine Handelsstadt und lockte daher Kaufleute, aber auch kleine Händler, Gaukler und Quacksalber an. Die boten ihre Waren und Dienste in den Straßen feil. „Bei schlechtem Wetter jedoch suchten sie Unterschlupf im Mariendom", sagt Gretzschel. Die Kirche war mehrfach erweitert worden, im 14. Jahrhundert wurde sie zu einer großen fünfschiffigen Hallenkirche im Stil der Backsteingotik. Platz gab es also genug. „Und die Hamburger störten sich auch nicht daran, dass an einem geweihten Ort profane Geschäfte gemacht wurden", erzählt der Hamburg-Kenner. „Religion und Kommerz waren in der Kaufmannsstadt noch nie ein großer Gegensatz."

1334 gab es dennoch plötzlich Ärger: Burchard Grelle, als Bremer Erzbischof oberster Kirchenfürst in Hamburg, beklagte das Treiben des „fahrenden Volkes" in seinem Dom und erteilte Hausverbot. Doch dann brach das los, was man heutzutage wohl einen „Shitstorm" nennen würde. „Die Hamburger waren richtig wütend und die Proteste gegen die Entscheidung des Erzbischofs rissen nicht ab", berichtet Gretzschel. Schließlich musste Burchard nachgeben. Um das Gesicht zu wahren, erlaubte er den Markt in der Kirche, aber nur bei „Schietwetter".

Der Dom blieb also ein Marktplatz für Händler, Gaukler und Possenreißer. Und das ging jahrhundertelang so weiter. Erst recht nach der Reformation, die 1529 in Hamburg eingeführt wurde. Denn nun verlor der Dom fast jede religiöse Bedeutung. „Erst war er eine katholische Enklave, dann gehörte er nach dem Dreißigjährigen Krieg den siegreichen Schweden und schließlich den Hannoveraner Kurfürsten", erläutert Matthias Gretzschel. Es gab keine dazugehörige Gemeinde und niemand kümmerte sich um die Instandhaltung. Schließlich verschacherten die Hannoveraner sogar die prächtige Bibliothek. Da war die Kirche für die Hamburger längst ein Fremdkörper geworden.

Dann kam 1803, unter dem Druck der Kriege gegen das revolutionäre Frankreich, der „Reichsdeputationshauptschluß". Der besagte unter anderem, dass die meisten kirchlichen Territorien säkularisiert, also den weltlichen Herrschern zugesprochen werden. Somit gewann auch Hamburg die Hoheit über den Dom und das dazugehörige Domkapitel. „Die Stadtherren entschlossen sich schnell zum Abriss. Und es gab kaum jemanden, der dagegen protestiert hätte", sagt Matthias Gretzschel. Den Bau fanden die meisten scheußlich und altmodisch, für den kulturhistorischen Wert interessierte sich fast niemand. „Der Abriss erfolgte gründlich: Alle Gräber wurden ausgehoben, selbst die Fundamente ließ man nicht stehen. Und die Steine und Grabplatten dienten als billiges Baumaterial", erzählt der Journalist.

Die 39 weißen Sitzbänke stellen den Grundriss des Hauptschiffs des Doms dar.

Die Einzigen, die wohl traurig waren, mussten sich nun eine neue Bleibe suchen: die Händler und Schausteller. „Sie verteilten sich über die Stadt, bis ihnen 1893 das Heiligengeistfeld zugewiesen wurde", sagt Gretzschel. Dort entwickelte sich dann das heute noch berühmte Volksfest. Und auch wenn die Kirche längst Geschichte ist, heißt es immer noch: Hamburger Dom.

Sven Kummereincke

So geht's zum Domplatz:

Der Domplatz ist gleich hinter der Petrikirche zu sehen. Die Petrikirche befindet sich in der Nähe des Rathauses „Bei der Petrikirche".

36

Hübner-Haus
Zuckersüße Kinderträume

Die Schrift über der Tür ist schlicht: „Hübner-Haus 2–4" steht hier zu lesen. Und vor allem diejenigen, die jünger sind als 60 oder 70 Jahre, dürften kaum ahnen, was sich früher in diesem Hübner-Haus verbarg und dass es einst einen Mittelpunkt der Hamburger Gesellschaft darstellte.

Die Geschichte hinter diesem Schriftzug erzählt von herrlichen Marzipandüften, von Eis und Sahnetorte, von feinen Damen und Herren der Hamburger Gesellschaft, aber auch von Jahren der Not, von Inflation und davon, welche Bedeutung ein Haus bekommen kann, das den einzigen Wasseranschluss in der Umgebung hat.

Es war am 8. Juli 1884, als der Reedersohn Christian Georg Adolph Hübner die Firma Hübner ins Handelsregister eintragen ließ. Tatkräftig ging er mit seiner Gattin Mathilde ans Werk. Das Ziel des Ehepaars beschreibt die Hamburgerin Sibylle Hugo so: „Sie wollten ein feines Café schaffen, in dem sich die Damen der Hamburger Gesellschaft treffen konnten." Der Gedanke war neu, denn eine Dame, die auf sich hielt, ging bis dato eigentlich nur in Begleitung ihres Gatten oder anderer männlicher Verwandter aus, um in aller Öffentlichkeit Süßspeisen zu verzehren oder Heißgetränke zu genießen. Was man für die Köstlichkeiten im neu geschaffenen Café bezahlen musste, erfuhren die Hamburger im „Preis-Verzeichnis der Conditorei und Dampf-Marcipan-Fabrik Georg Hübner". Bald schon galt es als schick, hier zu verkehren, und das Café verkaufte nicht nur Süßwaren, sondern auch Postkarten, mittels derer die Speisenden einen „Gruss aus Georg Hübners Conditorei und Marzipanfabrik" versenden konnten. Eine dieser Postkarten ist noch erhalten, auf ihr ist zu lesen: „Ich sitze hier nun gerade bei Eis und Chocolade, und denke wärst Du auch dabei in

> „Ich sitze hier nun gerade bei Eis und Chocolade, und denke wärst Du auch dabei in Hübners guter Conditorei."

Sibylle Hugo verbindet mit dem Hübner-Haus viele süße Kindheitserinnerungen.

Hübners guter Conditorei." Übrigens nahm man Hübners Leckereien nicht nur in deren Café ein: Das Rathaus schickte regelmäßig Diener, die die kunstvollen essbaren Gebilde zum Senat bringen sollten, und der Leibkoch des Kaisers soll ebenso zu den Kunden gehört haben wie Marie Gräfin von Bismarck-Schönhausen (1848–1926), die Tochter Otto von Bismarcks (1815–1898). Damit nicht genug: Hübner-Marzipan war weit über die Grenzen der Hansestadt hinaus bekannt und wurde in aller Welt genüsslich verspeist.

Die Geschäfte liefen gut, Anfang des 20. Jahrhunderts kaufte Georg Hübner das Nachbargrundstück in der Poststraße. Sein Traum: Dort sollte der erste Stahlbetonbau Hamburgs errichtet werden. Der Traum wurde Wirklichkeit, wenn Georg Hübner die Vollendung auch nicht mehr erleben durfte. Aber sein gleichnamiger Sohn brachte den Bau in seinem Sinne zu Ende. Im unteren Teil des Gebäudes befand sich die Konditorei, ganz oben, in den Stockwerken fünf und sechs, die Produktion. In den dazwischenliegenden Etagen gingen eingemietete Geschäftsleute ihrer Arbeit nach. „Es muss immer herrlich geduftet haben", vermutet Sibylle Hugo.

Doch nur wenige Jahre nach Vollendung des Prachtbaus ging es bergab im Deutschen Reich: Der Erste Weltkrieg brach aus und danach führte die große Inflation von 1923 zur Verarmung weiter Teile der Bevölkerung. Die Menschen litten Hunger, das Geld wurde immer wertloser, wer einen Kaffee bestellte, wusste nicht, ob er ihn hernach auch würde bezahlen können, da die Preise während der Hyperinflation 1923 praktisch jede Minute steigen konnten. Kein Grund für die Familie Hübner aufzugeben, im Gegenteil: Sie richteten die Räume neu ein, schufen einen Rauchsalon für die Herren und für den weiblichen Teil der Bevölkerung einen Damensalon. An dessen Einrichtung, bestehend aus Nußbaum- und Mahagoniholz, erinnert sich auch Sibylle Hugo noch, die hier das eine oder andere Mal mit ihrer Mutter einen Kakao trinken und einen Kuchen essen ging – süße Stunden eines Kinderlebens. Doch bevor die kleine Sibylle hier ihren Kuchen verspeisen konnte, kam nochmals eine schwere Zeit für das Café Hübner, für Hamburg, für die ganze Welt: Der Zweite Weltkrieg brach aus, Hamburg ging im Bombenhagel in die Knie. Das Café Hübner war allerdings nicht weniger gut frequentiert als zuvor, gab es hier doch die einzige Wasserpumpe am Neuen Wall. Hübner bot nun auch einen Mittagstisch, die Chefin selbst kochte für all jene, die Lebensmittelmarken besaßen.

Man ging zu Hübner. Im Krieg und auch danach, als Kuchen, Eis, Kaffee und Schlagsahne langsam wieder Einzug hielten. Nun marschierte auch die kleine Sibylle an der Hand ihrer Mutter ins Café Hübner und mit ihr viele Damen der Gesellschaft, die hier, ganz unter sich, Neuigkeiten austauschen konnten. Nebenan machten die Herren Geschäfte, dann und wann begegneten sich die Geschlechter freilich auch und so manche Ehe soll ihren Ursprung bei Hübner gefunden haben. Bis Silvester 1961 dauerte der charmante Zauber von Süßspeisen, dezenter Beleuchtung und feinen Getränken an. Dann war es nach 77 Jahren vorbei mit den Genüssen: Nach und nach blieben die Kunden aus, Hübner konnte nicht mehr investieren, die Einrichtung verlor ihre Pracht. Nur die Erinnerung, die hat weder Pracht noch Glanz verloren.

Von außen erinnert nur noch der Schriftzug an das Café Hübner. Sibylle Hugo findet das schade. Denn mit dem Café Hübner sind viele zuckersüße Kinderträume verbunden. Die von Sibylle Hugo und die von vielen anderen Hamburgern.

Eva-Maria Bast

So geht's zum Hübner-Haus:

Das Hübner-Haus steht an der Ecke Neuer Wall/Poststraße. Die Schrift befindet sich über dem Eingang in der Poststraße.

Wibke Kähler-Siemssen begutachtet ein Mauerstück, das aus mittelalterlichen Steinen besteht.

37 Alte Steine
Festung des Fortschritts

Aus der Ferne sieht das Haus aus wie eine Festung. Ein massiver Backsteinbau, düster, mit matt bemalten Fenstern, insgesamt wenig einladend. Dunkles Mittelalter, möchte man meinen. Dabei ist das Haus der Patriotischen Gesellschaft an der Trostbrücke noch gar nicht so alt: 1845 wurde es fertiggestellt. Und es birgt ein Geheimnis: Wenn man von der Börsenbrücke aus an der Fassade emporblickt, dann wird das Gebäude deutlich heller. Dort ist eine Balustrade mit kleinen offenen Nischen gemauert. Dieser Teil scheint deutlich jünger zu sein. „Ist er aber nicht", widerspricht Wibke Kähler-Siemssen, Geschäftsführerin der Patriotischen Gesellschaft. „Im Gegenteil: Man könnte eher sagen, dass dieser Teil viel älter ist als der Rest des Hauses."

Um das zu verstehen, muss man die Entstehungsgeschichte kennen. „An dieser Stelle stand das mittelalterliche Hamburger Rathaus, das beim Großen Brand 1842 zerstört wurde", sagt Wibke Kähler-Siemssen (siehe Geheimnis 16). Die Bürgerschaft entschloss sich zu einem mächtigen Neubau weiter nördlich an der Kleinen Alster. Das Grundstück, auf dem das alte Rathaus gestanden hatte, überließ die Stadt der Patriotischen Gesellschaft, die 1765 ganz im Sinne der Aufklärung und des Engagements für das Gemeinwohl gegründet worden war. Und weil Baustoffe rar waren – schließlich musste die halbe Stadt nach dem verheerenden Feuer neu gebaut werden – wurden alte Steine aus den Brandruinen wiederverwendet.

Lange Zeit wusste das niemand. „Es wurde entdeckt, als eine Sanierung notwendig wurde", erläutert die Geschäftsführerin. Der obere Gebäudeteil war marode, Ziegel und Backsteine drohten herunterzufallen. Da ist es den Architekten aufgefallen, dass einige Steine ganz anders beschaffen sind als der Rest. Eine wissenschaftliche Untersuchung brachte dann Klarheit: Sie sind sehr viel älter und stammen wohl aus den Ruinen des mittelalterlichen Rathauses.

„Kein Architekt würde altes Material dort verwenden, wo es jeder sofort sieht."

Dass diese Steine weit oben verbaut wurden, ist einfach zu erklären. „Kein Architekt würde altes Material dort verwenden, wo es jeder sofort sieht", sagt Wibke Kähler-Siemssen. Und warum sieht der Gebäudeteil mit den alten Steinen viel neuer aus als der Rest? Die Antwort ist einfach: „Weil der Teil bei der Sanierung komplett neu verfugt wurde."

Und so steckt ein kleiner Teil des Alten Rathauses aus dem 13. Jahrhundert in dem Neubau von 1845. Doch über dessen Gestaltung gab es schon vor Baubeginn reichlich Streit. Denn die besten Architekten der Stadt waren alle Mitglieder der Patriotischen Gesellschaft:

Alexis de Chateauneuf (1799–1853), Carl Ludwig Wimmel (1786–1845), Franz Gustav Forsmann (1795–1878). Der Legende nach hat keiner dem anderen den Auftrag gegönnt, sodass der unbekanntere Theodor Bülau (1800–1861) zum Zuge kam. Als dessen Bau dann schließlich stand, ließ er kaum jemanden kalt. Rückwärtsgewandt, altmodisch, unzeitgemäß – so urteilten viele. Dass er mit Form und Bauweise Hamburger Traditionen aufnehme, lobten andere. Der Bau stand jedenfalls in krassem Gegensatz zu der Architektur, die in den Jahren nach dem Brand sonst in Hamburg entstand. Viele Bauten muten geradezu italienisch an, etwa die Alte Post mit ihrem eleganten Turm oder die weißen Alsterarkaden am Rathausmarkt. Der Architekt beider Gebäude: Alexis de Chateauneuf.

Wibke Kähler-Siemssen vor der nordöstlichen Fassade der Patriotischen Gesellschaft.

Noch heute wünscht sich manch ein Mitglied der Patriotischen Gesellschaft, Chateuaneuf hätte damals den Zuschlag für den Bau bekommen und das Gebäude nach seinem Gusto gestalten können. Denn: „Das Haus wirkt leider nicht offen und einladend. Dabei ist es doch genau das, was wir sein wollen", sagt Wibke Kähler-Siemssen.

In der Tat: Das Haus und der Name „Patriotische Gesellschaft" sind zum Handicap geworden. Manche meinen gar, dass es sich um einen verkrusteten, rechtslastigen Verein handeln müsse. Doch 1765 hatte „patriotisch" eine gänzlich andere Bedeutung als heute: Der Dienst am Mitbürger und am Gemeinwesen waren gemeint. Dass die Bücherhallen, die Museen für Kunst und Gewerbe und Hamburgische Geschichte sowie die Hochschule für Angewandte Wissenschaften auf Initiativen der Patriotischen Gesellschaft zurückgehen, weiß heute kaum noch jemand. Diese Liste ließe sich lange fortsetzen. Heute sind es beispielsweise Bildungsstipendien für ganze Familien oder Kulturprojekte, die gefördert werden.

Als das Haus eingeweiht wurde, waren im Erdgeschoss übrigens Läden und Gastronomie untergebracht. Denn ohne kommerziellen Zweck hat man in der Kaufmannsstadt Hamburg noch nie gerne etwas gemacht. Genau so wenig wie unnütz Geld auszugeben. Zum Beispiel für neue Steine, wenn man noch alte hat.

Sven Kummereincke

So geht's zu den alten Steinen:

Das Gebäude befindet sich an der Trostbrücke/Ecke Börsenbrücke, nur 300 Meter südlich vom Rathaus. Von der Börsenbrücke aus kann man gut erkennen, dass sich die gemauerten Nischen auf dem Dach deutlich von den anderen Steinen unterscheiden.

38
Dampfboot-Wartezimmer
Ein Schiff legt hier nicht mehr an!

Wer hier wartet, wartet vergebens! Auch wenn über der Tür, die in den Sockel an der Lombardsbrücke eingelassen ist, „Dampfboot-Wartezimmer" steht, legt hier keins an. Und wenn man sich noch so lange in Geduld übt. „Das Zimmer ist lang schon nicht mehr in Gebrauch", sagt Ronald Rossig vom Verein „Unter Hamburg", der sich mit allem befasst, was sich unterhalb der Hansestadt befindet oder was mit Wasser zu tun hat. Errichtet wurde das Dampfboot-Wartezimmer mit der Fertigstellung der Lombardsbrücke im Jahre 1868 und dürfte anschließend bis zum Ausbruch des Zweiten Weltkriegs 1939 in Gebrauch gewesen sein, vermutet Volker Reißmann vom Staatsarchiv: „Etwa so lange wurde diese Alsterdampfer-Haltestelle auch für den regulären Linienverkehr genutzt."

Ronald Rossig ist viel zu jung, als dass er noch im Dampfboot-Wartezimmer erfolgreich auf ein Schiff gewartet haben könnte. Aber er erinnert sich gut daran, dass er mit seiner Oma, die in Barmbek lebte, als kleiner Junge häufig mit dem Schiff in die Stadt fuhr. „Das ist typisch hamburgisch", sagt er. „Wer außerhalb der City lebte, nahm das Schiff. Das ging über viele Jahrhunderte so." Und auch die Bewohner der Innenstadt hätten den Wasserweg genommen, wenn sie Ausflüge machen wollten. Der Personentransport entwickelte sich dabei immer weiter. Autorin Gudrun Maurer schreibt in ihrer Veröffentlichung „Legendäre Orte in Hamburg – Was passierte wo?", dass es „schon früh eine Art Alsterfähren in Form klobiger Ruderboote" gegeben habe. Manches Mal hätten die Hanseaten auch auf Transportkähnen mitfahren dürfen. In der Mitte des 19. Jahrhunderts habe ein Bremer Versicherungsmakler dann gegen zahlreiche Widerstände die Geneh-

> *„Das ist typisch hamburgisch. Wer außerhalb der City lebte, nahm das Schiff. Das ging über viele Jahrhunderte so."*

Wer hier auf ein Dampfboot wartet, wartet vergeblich. Ronald Rossig versucht es trotzdem mal. Vielleicht nimmt ihn ja doch jemand mit.

migung erhalten, regelmäßig mit einem Dampfer auf der Alster verkehren zu dürfen. Doch ein Jahr nach der 1856 erteilten Genehmigung sei der Dampfer gesunken. Und offensichtlich war der Unternehmer etwas – nennen wir es einmal – „unbedacht" in seinem Tun. Er gab den Bau eines Raddampfers in Auftrag, der allerdings zu breit für Schleusen und Brückendurchfahrten war. Schließlich habe der Mann das Schiff verkauft, schreibt die Autorin. Der professionelle Personentransport auf der Alster kam trotzdem nicht zum Erliegen: Im Sommer 1859 nahm ein Hamburger mit einem Schraubendampfer sein Geschäft auf. Er hatte augenscheinlich Erfolg: „Um den Andrang zu bewältigen, kamen mit der Zeit etwas größere Schiffe dazu", erklärt Gudrun Maurer.

Das Dampfboot-Wartezimmer wurde deshalb aber nicht vergrößert. Also musste draußen warten, wer drinnen keinen Platz mehr fand. Schiffsverkehr gibt es auch heute noch reichlich auf der Alster und den Fleeten, aber hauptsächlich zum Vergnügen. Und wer aufs Schiff wartet, muss das immer unter freiem Himmel tun.

Eva-Maria Bast

So geht's zum Dampfboot-Wartezimmer:

Die Lombardsbrücke liegt gegenüber dem Jungfernstieg und trennt die Binnenalster und die Außenalster. Das Dampfboot-Wartezimmer befindet sich quasi im Brückenpfeiler - vom Jungfernstieg aus gesehen auf der rechten Seite.

Frank Lehmann blickt über das Nikolaifleet zum weit entfernten Erker.

Erker und Schriftzug
Bierbrauen geht vor

Der Blick über das Nikolaifleet ist höchst idyllisch, ein Eindruck, der durch die Häuser, die das Ufer säumen, noch verstärkt wird. Und auch durch das kleine Erkerchen, das im 1. Stock aus einem der Gebäude ragt. Wie hübsch muss es sein, in diesem Erker zu sitzen und versonnen auf das Fleet hinauszublicken, mag sich der Betrachter denken. Dabei diente das Erkerchen einst keineswegs idyllischen, dafür aber sehr menschlichen Zwecken. Es war schlicht und einfach das Plumpsklo der Bewohner. „Dieser Erker ist das letzte Überbleibsel", erzählt Historiker Frank Lehmann. „Früher gab es lauter solche Plumpsklos. Und, ja, die Fäkalien landeten im Fleet." Wie noch manch anderer

Unrat. Eigentlich praktisch, wenn auch wenig hygienisch, einen solchen „Abwasserkanal" direkt vor dem Haus zu haben! „Nur", erzählt Frank Lehmann, „war das Fleet eben nicht bloß Abwasserkanal, das Wasser diente auch den Bierbrauern." Schmunzelnd fügt er hinzu: „Das Hamburger Bier war bekannt für seinen würzigen Geschmack." Nicht sonderlich appetitanregend, da kann einem die Lust auf das Malzgetränk schon vergehen. Das fürchtete wohl auch die Brauerei Gröninger. Stadtführerin Nicola Janocha hat am Eingang des heute noch bestehenden Bierlokals der Brauerei, direkt auf die Tür geschrieben, einen alten Schriftzug entdeckt, der lautet: „Der Herr Bürgermeister gibt bekannt, daß am Mittwoch Bier gebraut wird und deshalb ab Dienstag nicht mehr in den Bach geschissen werden darf." Davon profitierte nicht nur die im 18. Jahrhundert gegründete Brauerei Gröninger: „1517 hat man in Hamburg 531 Brauereien gezählt", sagt Nicola Janocha. Heute sind davon nur noch sieben übrig. Und die holen ihr Wasser weder aus den Fleeten noch werden selbige als Fäkalienabflüsse verwendet. Die kühle Erfrischung kann also unbesorgt genossen werden.

Die denkwürdige Inschrift.

Eva-Maria Bast

So geht's zum Erker und zum Schriftzug:

Den Erker kann man gut von der Brücke aus sehen, die die Mattentwiete mit dem Kleinen Burstah verbindet. Die Inschrift findet man am Eingang des Bierkellers Gröninger, Willi-Brandt Straße 47, bei Hamburgern besser bekannt als Ost-West-Straße.

Der klassizistische Bau wurde 1845 errichtet.

Danebrog
Schmuggler und Freiheitskämpfer

„Das muss das dänische Konsulat sein." Ein Satz, der nicht nur von Touristen, sondern auch von manch einem Hamburger gesagt wird, der an der Klopstockstraße am Altonaer Balkon vorbeikommt. Denn warum sollte sonst der „Danebrog", die dänische Fahne, an dem klassizistischen Bau gegenüber der Christianskirche im Wind wehen? Das Konsulat befand sich allerdings nie in diesem Haus. Gleichwohl ist die Beflaggung eine

137

Reminiszenz an vergangene Zeiten, denn das weiße Haus war in der Tat ein dänisches Amtsgebäude. Allerdings keines, mit dem sich die Dänen beliebt gemacht hätten: Es handelte sich um das Zollhaus. 1845 wurde es in Ottensen errichtet. Und dass aus dem damaligen Dorf ein Industriezentrum wurde, das hat viel mit Zollpolitik zu tun.

1845 war Altona genau wie das angrenzende Ottensen dänisch – als Teil der Herzogtümer Schleswig und Holstein, die unter Verwaltung des Königs in Kopenhagen standen. Also gab es zum eigenständigen Hamburg eine Zollgrenze. Und damit natürlich Schmuggler. Es gibt einen – leider anonymen – Bericht, der vom Einfallsreichtum der Bürger erzählt. Demnach waren vor allem die feinen Damen der Hamburger Gesellschaft, die in den Elbvororten ihre Villen hatten, besonders einfallsreich. Da wurde manches Fläschchen unter Röcken oder großen Hüten versteckt!

Der Danebrog ist ein Hinweis auf die Geschichte des Hauses.

Ab 1848, dem Jahr der europaweiten bürgerlichen Revolution, änderte sich vieles. Die „Schleswig-Holstein-Frage" rückte in den Mittelpunkt der Politik. Kurz gefasst, plante der dänische König Friedrich VII. (1808–1863), das Herzogtum Schleswig in den dänischen Staat zu integrieren. Schleswig gehörte im Gegensatz zu Holstein zwar nicht zum Deutschen Bund, hatte aber einen großen Anteil deutschsprachiger Bevölkerung. Es kam im ganzen Land zu nationaler Empörung und die Schleswig-Holsteiner erhoben sich gegen den König. Auch die Altonaer beteiligten sich mit patriotischer Begeisterung. 1851 brach der Aufstand endgültig zusammen, das „Londoner Protokoll" stellte 1852 unter Beteiligung der Großmächte den Status quo wieder her.

Ein Jahr später musste Altona die Zeche zahlen. Dänemark plante, seine Zollgrenze von der Eider nach Süden an die Elbe zu verlegen; Altona protestierte, weil es seinen Freihafen nicht verlieren wollte. Das geschah auch nicht, aber zu einem hohen Preis: Die neue Zollgrenze wurde um Altona herum gelegt. Alle Waren, die man ausführen wollte, wurden nun mit Zöllen belegt und waren damit nicht mehr konkurrenzfähig – die traditionellen Absatzmärkte in Holstein und Schleswig gingen verloren. Es folgte ein dramatischer wirtschaftlicher Niedergang und die Abwanderung der jungen Tabak- und Textilindustrie. Die Betriebe gingen nämlich ins benachbarte Ottensen! Das beschauliche Dorf wuchs in den folgenden Jahrzehnten rasant und wandelte sich in eine Industrie- und Arbeiterstadt.

Das Zollhaus blieb weiter bestehen, auch nach der Gründung des Deutschen Reiches 1871, zu dem nun auch – als Ergebnis des deutsch-dänischen Krieges 1864 – ganz Schleswig-Holstein gehörte. Denn Hamburg, das um seinen Welthandel fürchtete, wehrte sich gegen den Zollanschluss. Und die neue Regierung in Berlin wollte eine gemeinsame Lösung für den Großraum Hamburg, also blieben auch Altona und Ottensen außen vor – und weiterhin Zollausland. Das änderte sich erst 1888, als Hamburg die Speicherstadt und den großen Freihafen baute und mit seinen Nachbargemeinden ins Zollsystem des Deutschen Reichs integriert wurde (siehe Geheimnis 07). Da aber auch Altona – Ottensen wurde 1889 eingemeindet – weiter einen kleinen Freihafen hatte, behielt das Zollhaus seine Funktion. Offiziell wurde erst 1939 das letzte kleine Freilager in Altona geschlossen. Da hatte Altona seine Eigenständigkeit schon verloren: 1937 war das Groß-Hamburg-Gesetz in Kraft getreten, mit dem Altona, Wandsbek und Harburg der Hansestadt zugeschlagen wurden.

Im alten Zollhaus ist heute eine Kunstgalerie untergebracht. Und ein bisschen Stolz auf die dänische Geschichte beherbergt das Gebäude auch noch: rot mit weißem Kreuz.

Sven Kummereincke

So geht's zum Danebrog:

Die dänische Flagge weht an der Klopstockstraße 29, direkt gegenüber der Christianskirche.

Historikerin Sybille Baumbach blickt zum Relief hinüber. Es sitzt am rechten Hauseck des dunklen Gebäudes.

41 Relief
Ein Esel, ein Mönch und ein Narr

Was hat der Esel da zu suchen? Wieso reitet auf seinem Rücken ein Mönch? Und weshalb wird das Tier von einem Narren geführt? Fragen über Fragen tun sich auf, wenn man das unscheinbare Relief an einem Hauseck in der Mönckebergstraße betrachtet. Zumal man im Hintergrund dann auch noch den Hamburger Wasserträger Hummel entdeckt. Der Mönch macht ganz den Eindruck, als rufe er ihm seinen in Hamburg bekannten Ruf „Mors, Mors" hinterher. Kurzer Einschub für Nicht-

Hanseaten: „Hummel, Hummel – Mors, Mors" ist ein traditioneller Ruf. Ruft einer „Hummel, Hummel", antwortet der andere: „Mors, Mors." Der Ruf gilt aber eher als Schlachtruf denn als Gruß und wurde auch von Hamburger Soldaten im Ersten Weltkrieg als Erkennungsruf verwendet. Er geht auf den Wasserträger Hans Hummel, der mit bürgerlichem Namen Johann Wilhelm Bentz hieß (1787–1854), zurück, dem die Kinder ihren blanken Hintern (Plattdeutsch: Mors) zeigten, um ihn zu ärgern.

Zurück zum Relief in der Mönckebergstraße. Zu dem nämlich kann Historikerin Sybille Baumbach jede Menge sagen: „Mit der Ausgestaltung des Ornaments rächte sich Hausbesitzer Georg Hulbe an Dr. Rudolph Mönckeberg, mit dem Hulbe einen Rechtsstreit ausgefochten hatte."

Der Reihe nach: Das Hulbe-Haus in der Mönckebergstraße wurde 1911 im Auftrag des aus Kiel stammenden Georg Hulbe (1851–1917) errichtet. „Hulbe war einer der führenden Kunsthandwerker seiner Zeit. 1880 kam er nach Hamburg und betrieb eine Werkstatt in St. Georg sowie einen Verkaufsraum in der Innenstadt", erzählt Sybille Baumbach. Anfang des 20. Jahrhunderts habe der geschäftstüchtige Mann ein Kunstgewerbehaus eröffnet, dessen Raumangebot er 1911 mit dem Bau des Hauses in der Mönckebergstraße erweiterte. „Ein Teil seiner Werke befindet sich heute im Fundus des Museums für Kunst und Gewerbe", unterstreicht die Historikerin Hulbes Bedeutung.

„Mit der Ausgestaltung des Ornaments rächte sich Hausbesitzer Georg Hulbe an Dr. Rudolph Mönckeberg, mit dem Hulbe einen Rechtsstreit ausgefochten hatte."

Und auch das Haus, das er in der Mönckebergstraße bauen ließ, ist gewissermaßen ein Kunstwerk. „Hulbe wollte damit ein architektonisches Zeichen setzen, das sich gegen die großen Kontorhäuser, die beim Bau der Mönckebergstraße entstanden waren, künstlerisch absetzen sollte", erklärt die Historikerin. Das im Verhältnis zu den Nachbarbauten geradezu verspielte Haus hat eine reichhaltige Ornamentik und einen Rundturm. Übrigens lohnt auch ein Blick nach oben: Auf dem Dach findet sich eine als Kogge gestaltete Wetterfahne, in der sich einst mehrere Dokumente befanden. „Darunter auch ein Brief Hulbes, in dem er seiner Sorge um die Zukunft der Kunst Ausdruck verlieh, in deren Gestaltung sich immer mehr Theoretiker einmischen. Er fragte sich, wie es wohl in hundert Jahren um die Kunst bestellt sein würde", erzählt Baumbach. „Nach einer Sanierung 1978 wurden die Dokumente aus der Kogge an das Museum für Kunst und Gewerbe gegeben."

Und was hat das nun alles mit dem Mönch und dem Esel zu tun? „Der Mönch soll Rudolph Mönckeberg darstellen, das war der Bruder des 1908 verstorbenen Bürgermeisters Johann Georg Mönckeberg, nach dem die Mönckebergstraße benannt ist", sagt Baumbach. „Ein Mönch ist Teil des Familienwappens der Mönckebergs."

Relief aus Rache.

Der damalige Staatsrat in der Finanzbehörde, Dr. Leo Lippmann, schreibt über Georg Hulbes Streit mit Rudolph Mönckeberg: „Er (Dr. Rudolph Mönckeberg) war einer der schärfsten Gegner der Sozialdemokraten. (...) Dr. Mönckeberg hatte Anstoß daran genommen, daß in dem Schaufenster des Hulbe'schen Geschäftes (damals: am Alten Jungfernstieg) Zeichnungen des Malers Reznicek für den Münchner ‚Simplicissimus' ausgestellt waren, die wenig bekleidete Frauen darstellten. Auf Grund der gerichtlichen Aussage Mönckebergs wurde Hulbe wegen Erregung öffentlichen Ärgernisses zu einer kleinen Geldstrafe verurteilt. Hulbe rächte sich dadurch, daß er an seinem neuen Geschäftshaus in der Mönckebergstraße ein Relief anbringen ließ: einen Mönch, der auf einem Esel einen Berg hinaufreitet."

Man kann also sagen: Das Relief in der Mönckebergstraße ist Ausdruck purer Rachsucht. Aber schön ist es trotzdem. Irgendwie.

Eva-Maria Bast

So geht's zum Relief:

Das Hulbe-Haus steht in der Mönckebergstraße 21. Das Relief hängt auf der rechten Seite der Fassade.

Der Pudel – der Gattin des Reeders gewidmet.

Pudel
Wie der Hund auf das Dach kam

Was Reedersgattin Sophie Laeisz dazu gesagt hat, dass ihr Denkmal – in Form eines Pudels – hoch oben auf dem Dach der Reederei thront, ist nicht überliefert. Vermutlich hätte sie sich geehrt gefühlt, heißen die Schiffe der Reederei doch „Flying P-Liner" und tragen alle den Anfangsbuchstaben P, weil das erste Schiff „Pudel" hieß. Was das mit Sophie zu tun hat? „Pudel" war der Spitzname der Reedersgattin, die sehr krauses

Haar hatte und dieses bevorzugt aufgetürmt trug. Deshalb heißen die Flying P-Liner, wie sie heißen. Und deshalb blickt der Pudel hoch oben auf dem Reederei-Gebäude über die Stadt. Nun sieht Sophies Gatte Carl Laeisz (1828–1901), dessen Porträt in der heute noch bestehenden Reederei hängt, so gar nicht aus wie einer, der seiner Frau Böses will. Zwar war er als bärbeißig bekannt, aber auch als einer mit einem großen Herz. Im Nachruf der Hamburgischen Börsenhalle heißt es: „Seine Bonhomie war geradezu sprichwörtlich", zumal sich „hinter einer gelegentlich scharf erscheinenden Ausdrucksweise (...) das teilnahmsvollste und hilfsbereiteste Herz verbarg." Schwer vorstellbar, dass ein solcher Mann seine Frau „Pudel" nannte, ihr ein Pudel-Denkmal aufs Dach seines Reederei-Gebäudes setzte und eine ganze Schiffsserie danach benannte, wenn sie mit dem Spitznahmen nicht einverstanden gewesen wäre.

Carl ist der Sohn des Firmengründers Ferdinand Laeisz (1801–1887). Und der war eigentlich Hutmacher. 1824 beginnt er mit der Produktion von Seidenhüten, die so reißenden Absatz finden, dass er im Jahr darauf, 1825, einen Schwung Zylinderhüte nach Buenos Aires schickt. 1827 eröffnet er in Brasilien seine erste Niederlassung: „Nachdem ich so viel verdient hatte, dass ich mich auf weiterschauende Unternehmungen einlassen konnte, machte ich den ersten Versuch, ein eigenes Geschäft über See aufzusetzen, indem ich einen entfernten Verwandten namens Bonne, welchen ich für einen fähigen und zuverlässigen jungen Mann hielt, mit drei Gehilfen nach Bahia schickte und daselbst eine Faktorei etablierte, welche teils selbst Hüte anfertigte, teils die von mir hinausgesandten mit etlichen Nebenartikeln verkaufte."

Es bleibt nicht bei Brasilien, mehrere Firmen in Übersee folgen. Inzwischen ist Ferdinand Laeisz ein wohlhabender Mann und nicht mehr „nur" Hutmacher, sondern auch Händler im Bereich Import und Export. „Viele der Güter wurden mit Naturalien, also zum Beispiel Baumwolle und Zucker, bezahlt, mit denen Ferdinand Laeisz in Hamburg Handel treiben konnte", sagt Nikolaus H. Schües, der die Reederei heute als Nachfolger seines Vaters Nikolaus W. Schües führt. Wie und wann aus dem Händler und Hutmacher ein Reeder wurde? „Seefahrt war schon immer seine Leidenschaft gewesen", erklärt Nikolaus H. Schües. 1839 kauft Laeisz ein erstes Schiff, das er nach seinem Sohn benennt. Die Brigg „Carl" wird nach fünf Jahren aber schon wieder verkauft. „Das Reedereigeschäft war ihm fremd und zudem zu jener Zeit äußerst schwierig", schildert Schües.

Aber Ferdinand Laeisz wäre nicht Ferdinand Laeisz, wenn er allzu schnell aufgegeben hätte: 1847 tut er einen weiteren Schritt ins Seemannsgeschäft – und diesmal mit großem Erfolg. Gemeinsam mit anderen Hamburger Familien gründet er die „Hamburg-Amerikanische Packetfahrt Aktiengesellschaft" (HAPAG), die bis zum Ausbruch des Ersten Weltkriegs im Jahre 1914 zur größten Reederei der Welt wird. In den Folgejahren weiten Ferdinand und sein Sohn Carl, der seinem Vater inzwischen tatkräftig zur Seite steht, den Handel mit der Schifffahrt weiter aus und 1857 kommt dann auch der Pudel ins Spiel: Die Laeisz' haben zwei Schiffe laufen, deren Erträge so gut sind, dass sie sich zu einem Neubau entschließen. „Diese neue Bark wurde ‚Pudel' genannt, nach Carls Frau, deren Frisur wohl immer an einen Pudel erinnerte", erklärt Schües. Das ist der Beginn der Tradition, die Schiffe mit dem Anfangsbuchstaben P zu taufen, die „Flying P-Liner" erlangen große Bekanntheit.

Der Erfolgskurs von Vater und Sohn geht weiter: 1862 erschließt Laeisz den chilenischen Markt, „in diesem Fahrtgebiet wird die Reederei wenig später weltberühmt, sie gilt bis heute als Inbegriff für Kap-Hoorn-Reisen von Großseglern von und nach Chile", sagt Nikolaus H. Schües. 1879 tritt auch Carl Ferdinand, Carls Sohn, in die Firma ein: Vater, Großvater und Enkel lenken nun die Geschicke und nehmen 1860 neben Handel und Schifffahrt als drittes Standbein die Assekuranz hinzu. Der heute noch von der Reederei genutzte Laeiszhof an der Trostbrücke wird errichtet – mitsamt Pudel auf dem Dach. Nur drei Jahre später ereilt die Familie ein tragisches Schicksal: Carl Ferdinand stirbt 1900 im Alter von 47 Jahren an einer Lungenentzündung, ein Jahr später segnet auch sein Vater das Zeitliche.

Drei Prokuristen übernehmen die Leitung der Firma, steuern sie geschickt durch die schwierige Zeit der Schifffahrtsflaute von 1907/08. 1910 und 1913 muss die Firma die Verluste mehrerer Schiffe durch Kollisionen mit Dampfern im Ärmelkanal zwischen Frankreich und England hinnehmen. Die Prokuristen konzentrieren sich nun auf den afrikanischen Markt, wo Bananenplantagen aufgebaut werden. „Die

Früchte sollten in Kühlschiffen nach Hamburg geliefert werden", erzählt Nikolaus Schües. Die Zeichen stehen gut, die Reederei erwirbt mehrheitliche Anteile an der Afrikanischen Frucht Companie (AFC) und ist 1913 mit ihren 18 Tiefwasserseglern die größte Privatreederei Hamburgs. 1914 sind dann auch die beiden ersten Bananenkühlschiffe fertig, allein: Der Erste Weltkrieg verhindert, dass sie Fahrt aufnehmen. Und nach dem Krieg müssen sie, gemäß Versailler Vertrag, an die Alliierten ausgeliefert werden – wie nahezu alle deutschen Handelsschiffe. „Das wäre das Aus für die Reederei gewesen, wenn nicht Paul Ganssauge, der vor Carl Laeisz Tod Prokura erhalten hatte, ein Geniestreich eingefallen wäre", sagt Nikolaus Schües. „Er ließ die Schiffe der Reederei, die noch in Chile lagen, auf eigene Rechnung mit Salpeter beladen, was man ja im Nachkriegsdeutschland ganz dringend brauchte." Gemeinsam mit Reedern anderer Schiffe, die in Chile lagen, und Reichsbeamten – die Erlaubnis von deutscher Seite lag vor – war Ganssauge zuvor nach London gereist, wo es ihm gelang, die Zustimmung für sein Vorhaben zu gewinnen. Zusammen mit dem Reeder Emil Offen führt er nun das „Deutsche Segelschiff-Kontor" in Hamburg an der Trostbrücke, das nur ein Ziel hat: Die Rückkehr der Schiffe zu organisieren. Die Schiffe kommen heil an, der Absatz von Salpeter ist reißend, die Firma verfügt wieder über Kapital.

„Und dann hat Paul Ganssauge das mit dem Salpeter verdiente Geld benutzt, um die eben an die Alliierten abgelieferten Schiffe wieder zurückzukaufen. Genial, nicht?"

„Und dann hat Paul Ganssauge das mit dem Salpeter verdiente Geld benutzt, um die eben an die Alliierten abgelieferten Schiffe wieder zurückzukaufen. Genial, nicht?", begeistert sich Nikolaus H. Schües. Auch diese Klippe ist also elegant umschifft, 1926 hat die Reederei 6 Segelschiffe. Und 1930 wird dann doch die Bananenfahrt mit Kühlschiffen aufgenommen und entwickelt sich zur Hauptaktivität der Reederei. Neben Kamerun werden Bananen aus Jamaika und Kolumbien nach Europa transportiert.

Wenn auch im Zweiten Weltkrieg sämtliche Schiffe der Reederei verloren gingen oder an Russland abgeliefert werden mussten: Bis 1972 wuchs die FL-Kühlschiffsflotte dann wieder auf über zwölf

Einheiten an und gehörte damit zur Spitzengruppe der europäischen Kühlschiffsreedereien.

1973 wird Nikolaus W. Schües Partner, die Firma wird jetzt von drei Familien getragen: den Laeisz-Erben, der Familie Ganssauge und Nikolaus W. Schües. Nach der Umwandlung in die Firma F. Laeisz Schifffahrtsgesellschaft geht's nochmal um die Banane: Das erste Bananen-Vollcontainerschiff der Welt, M/S Puritan, sticht in See. 1993 tritt Nikolaus H. Schües in die Firma ein und die Schiffe der 1993 privatisierten Deutschen Seereederei Rostock, der Staatsreederei der ehemaligen DDR, werden mit Ausnahme der Kreuzfahrtschiffe in der Reederei Laeisz zusammengeführt. 1999 übernimmt Familie Schües sämtliche Geschäftsanteile der Reederei mit einer Flotte von 40 modernen Containerschiffen, Bulkcarriern, Kühlschiffen und Fährschiffen.

Heute ist es wie damals: Nicht immer ist das Reedereigeschäft ganz einfach. Aber wenn es mal brenzlig wird, wirft Nikolaus H. Schües einen Blick auf ein großes Bild im Sitzungszimmer. Darauf sind die im Ersten Weltkrieg in Chile arrestierten Segelschiffe zu sehen. „Das macht einfach Mut", sagt er. Weil es mit den Schiffen ja ein gutes Ende nahm – dank der Findigkeit des Paul Ganssauge.

Und dann und wann wandert Schües' Blick auch zum Pudel hinauf, der seit 1897 dort oben thront, Wind und Wetter trotzt und unbeirrt über die Stadt blickt – wie ein Seemann über das Meer.

Eva-Maria Bast

So geht's zum Pudel:

Die Reederei Laeisz befindet sich an der Trostbrücke 1. Den Pudel kann man von der Trostbrücke aus gut sehen – er sitzt zwischen den beiden Türmen auf dem Dach.

43

Königliches Relief
Der Prinz und der Backofen

*E*s wirkt ein wenig deplatziert, das kleine Steinrelief an der Mauer eines scheinbar nicht sehr alten Hauses, auf dem die Buchstaben JBR und eine Krone zu sehen sind. Hier, am Klopstockplatz, gleich gegenüber der Altonaer Christianskirche, fällt das etwa 30 Zentimeter große Relikt kaum auf, denn es ist in etwa 2,5 Meter Höhe angebracht, und darunter befindet sich eine große Werbetafel für das im Haus befindliche Steakhouse. „Doch das Relief ist mehr als 300 Jahre alt und erzählt die legendenhafte Geschichte eines Krieges, eines Prinzen und eines Bäckers", sagt Kai-Uwe Scholz. Er ist Literaturwissenschaftler und wohnt gleich um die Ecke.

> *„Das Relief ist mehr als 300 Jahre alt und erzählt die legendenhafte Geschichte eines Krieges, eines Prinzen und eines Bäckers."*

Das kleine Abenteuer spielt im Jahr 1686: Altona ist eine eigenständige Stadt und gehört als Teil Holsteins zu Dänemark. Hamburg hingegen ist Freie Reichsstadt und versucht seine Unabhängigkeit zu bewahren. Es ist eine Zeit des Übergangs. Die einst so mächtige Hanse spielt längst keine Rolle mehr, der letzte Hansetag fand mit nur einer Handvoll Teilnehmern 1669 in Lübeck statt. Deutschland erholt sich langsam vom Dreißigjährigen Krieg (1618–1648), den Hamburg ohne Zerstörungen überstanden hat. Und der Welthandel wird zunehmend von Engländern, Holländern und Portugiesen bestimmt. Gleichzeitig wächst die Konkurrenz in unmittelbarer Nachbarschaft: Neben Altona wird die Stadt Harburg auf der südlichen Elbseite vom Herzog von Celle und den brandenburgischen Kurfürsten protegiert.

Auch innenpolitisch ist es in Hamburg eine unruhige Zeit. Die Bürger sind unzufrieden mit dem Rat der Stadt, sie werfen ihm Vetternwirtschaft und Beschneidung der Bürgerrechte vor. Auch üben die

Kai-Uwe Scholz deutet auf das Relief des Bäckers.

dänischen Könige zunehmend Druck auf Hamburg aus. „Für sie ist die Stadt Teil des Herzogtums Holstein – und damit dänisch", sagt Kai-Uwe Scholz.

In dieser Phase wird Bürgermeister Hinrich Meurer (1643–1690) auf Druck der Bürgerschaft 1684 verhaftet. Der Grund: Er soll sich beim Kaiser für einen Gegner der Bürgerschaft eingesetzt haben. Machtkämpfe zwischen dem Rat der Stadt, in dem die reichsten Hamburger vertreten sind, und der Bürgerschaft, in der es auch Vertreter des Mittelstands gibt, kommen seit Jahrhunderten immer wieder vor. Der abgesetzte Bürgermeister Meurer kann nach Celle fliehen und gewinnt die Unterstützung des dortigen Herzogs. Hamburg fühlt sich bedroht und fürchtet sogar einen Angriff des Herzogs, der sich Einfluss auf die reiche Stadt sichern will.

Die neuen starken Männer in Hamburg sind Cord Jastram und Hieronymus Snitger, sie werden den „Popularen" zugerechnet, einer Bewegung, die den mittleren Einkommensschichten zu mehr Geltung in der Stadtpolitik verhelfen will. Doch die beiden machen einen großen Fehler: Gegen den Herzog von Celle bitten sie ausgerechnet den alten Feind, den dänischen König Christian V. (1646–1699), um Hilfe. Der nutzt die Gelegenheit. Er fordert 400.000 Reichstaler, die Schlüssel der Stadt und will Truppen stationieren.

Das ist ein Schock für die Hamburger: Sie stürzen Jastram und Snitger – später werden sie hingerichtet – und bitten nun den Herzog von Celle um Hilfe, der sie auch gewährt. Die Dänen rücken im August 1686 an und belagern die Stadt.

Das Relief zeigt die dänische Krone und die Initialen des Kirchenbäckers.

So weit die Fakten. Doch es gibt noch eine schöne Legende, die allerdings historisch nicht belegt ist. Demnach ist auch der erst 14-jährige dänische Kronprinz Friedrich (1671–1730) bei der Belagerung dabei. Als er gerade die Schanzarbeiten der Armee begutachten will, machen die Hamburger einen Ausfall. „Der Prinz, heißt es, muss flüchten, wird aber verfolgt", erzählt Scholz. „Der Legende nach flüchtet er bis nach Ottensen, wo er in das Haus eines Bäckers gelangt." Der Bäcker will dem Prinzen gerne helfen. Und so versteckt er ihn an einem Ort, an dem garantiert niemand nach einem Königssohn suchen wird: in seinem Backofen. Der Coup gelingt, die Hamburger geben die Verfolgung auf und ziehen sich zurück.

Für diese Rettung war Friedrich so dankbar, dass er ihm das Privileg des Kirchenbäckers verlieh. „Von nun an durfte er dieser Geschichte nach seine Waren auf dem Kirchenmarkt verkaufen", sagt Kai-Uwe Scholz. Das machte ihn sehr stolz und er ließ an seinem Haus das Relief anbringen: mit seinen Initialen JBR – für Johann Barthold Rips – und der dänischen Krone.

Die Bäckerei gab es noch bis in die 60er-Jahre des 20. Jahrhunderts. Das Haus war aber im Zweiten Weltkrieg zerstört worden, nur das alte Kellergewölbe ist noch erhalten – und das Relief.

Die Belagerung Hamburgs ist übrigens gescheitert, die Stadt blieb unabhängig. Und der eben noch verteufelte Hinrich Meurer kehrte zurück auf seinen Bürgermeistersessel.

Sven Kummereincke

So geht's zum Relief:

Die Straße Klopstockplatz liegt direkt hinter der Christianskirche, die westlich des Altonaer Rathauses steht. Das Relikt ist an einer kleinen Seitenwand des uruguayischen Steakrestaurants angebracht.

44

Nikolaikirche
Wie Gottfried Semper ausgetrickst wurde

Es ist ein im eigentlichen Wortsinne merkwürdiger Ort, an dem nichts so recht zusammenzupassen scheint. Der gewaltige Turm misst 147 Meter und war – von 1874 bis 1877 – der höchste der Welt, bis er von der Kathedrale in Rouen um 4,5 Meter übertroffen wurde. Vom Rest des Baus stehen nur die Mauerreste des Kirchenschiffs: eine Ruine als Mahnmal für die Opfer des Zweiten Weltkriegs. St. Nikolai, zerstört während der verheerenden Bombenangriffe im Sommer 1943, ist ein Ort voller Gegensätze. Moderne Skulpturen inmitten der Trümmer des neogotischen Bauwerks erinnern an die Toten des Terrorregimes der Nazis. Von stillem Gedenken kann jedoch keine Rede sein: Sechsspurig bringt die Willy-Brandt-Straße, die Hamburg durchschneidet, direkt neben der Kirche den Verkehr der Millionen-Stadt mit sich – und seinen nie versiegenden Lärm.

Doch St. Nikolai erzählt viele Geschichten, und diese spielen zum Teil lange vor dem Wahnsinn der Weltkriege. Mit Zerstörung haben aber auch sie zu tun: so dem Großen Brand von 1842 (siehe Geheimnis 16), dem weite Teile der Stadt zum Opfer fielen, auch die mittelalterliche Nikolai-Kirche.

> *„Der weltberühmte Architekt der Dresdner Oper hätte die Kirche eigentlich bauen sollen, doch er wurde ausgestochen."*

Eine Bronzetafel an den Resten des Querschiffs erinnert noch heute an den Architekten des Neubaus: George Gilbert Scott (1811–1878). Ein anderer Name bleibt unerwähnt: Gottfried Semper (1803–1879). „Der weltberühmte Architekt der Dresdner Oper hätte die Kirche eigentlich bauen sollen, doch er wurde ausgestochen", sagt Kristine Goddemeyer, Geschäftsführerin des Förderkreises Mahnmal St. Nikolai. „Unter Semper wäre es ein moderner Kuppelbau geworden, kein gotischer."

Kristine Goddemeyer kennt die Geschichte der Nikolaikirche.

Sempers Name ist so sehr mit Dresden verbunden, dass kaum jemand weiß, dass er Hamburger war. Und so war der damals 40-Jährige natürlich bemüht, den Auftrag für den Neubau des Gotteshauses zu bekommen, das zu den fünf großen „Hauptkirchen" Hamburgs gehörte. Damals wie heute gab es eine Ausschreibung – die Semper auch gewann. Doch damals wie heute muss das Ergebnis einer Ausschreibung noch nicht das letzte Wort sein.

„Es gab zu dieser Zeit zwei große Strömungen in der lutherischen Kirche in Hamburg: eine moderne, aufklärerische, und eine pietistische, konservative, die gerade in der Nikolaigemeinde sehr stark war", erzählt die Kennerin dieses historischen Ortes. Und diese Gruppe wollte sich mit der Entscheidung der Expertenjury nicht abfinden. Der Kirchenvorstand bat den Kölner Dom-Baumeister Ernst Friedrich Zwirner (1802–1861), zum Ausschreibungsergebnis Stellung zu nehmen. In Köln hatte man 1842 damit begonnen, den gotischen Dom, an dem seit mehr als 300 Jahren nicht mehr gebaut worden war, endlich fertigzustellen. Und natürlich bevorzugte Zwirner den gotischen Baustil. Semper versuchte von Dresden aus über Gewährsleute, das Schlimmste zu verhindern. „Doch der Hamburger Kirchenvorstand revidierte das Ergebnis der Experten-Jury und setzt den Entwurf des britischen Architekten Scott auf Platz 1", erzählt Kristine Goddemeyer.

Die so kaltgestellten Jurymitglieder protestierten – ohne Erfolg. Theodor Bülau (1800–1861), nach dessen Entwurf gerade die benach-

Kristine Goddemeyer lehnt an einer Stele vor dem Hintergrund des alten Chors und der Kapelle.

barte „Patriotische Gesellschaft" gebaut wurde (siehe Geheimnis 37), fand in einem Brief an Semper klare Worte: „Der Teufel hole sie alle..."

Das Ergebnis war eine neogotische Kathedrale, die den Ansprüchen der evangelischen Kirchenlehre in keiner Weise gerecht wurde. Die Kapelle, in der in katholischen Kirchen Heiligenbilder aufgestellt sind, wurde ebenso wenig genutzt wie der Chorraum. Die Kanzel war nicht zentral, sondern wurde an einem der großen Stützpfeiler angebracht. „Sempers Entwurf sah eine zentrale Kanzel vor, sodass kein Gottesdienstbesucher weiter entfernt als rund 20 Meter gesessen hätte", erläutert Goddemeyer.

So aber erhielten die Hamburger Protestanten eine „katholische" Kirche. Die Fertigstellung hat keiner der Protagonisten mehr erlebt. Immer wieder gab es Bauunterbrechungen, weil es an Geld fehlte. Noch heute kann man im Kellergewölbe große Weinregale sehen, denn dort wurde ein Weinlager eingerichtet, um Geld zu erwirtschaften.

Nach der Grundsteinlegung 1846 dauerte es 13 Jahre bis zum Richtfest für das Kirchendach, weitere 15 Jahre bis zur Turmweihe, bis die Kirche mit der Orgeleinweihung 1891 endlich vollendet war. Doch es lag weiter kein Segen auf dem Bau. Genau 100 Jahre nach dem Abbruch der Brandruine 1843 wurde die Kirche durch britische und amerikanische Bomben zerstört. Und große Teile dessen, was noch übrig war, wurden in den 1950er-Jahren aus Sicherheitsgründen gesprengt.

Sven Kummereincke

So geht's zur Nikolaikirche:

Das Mahnmal St. Nikolai steht in der Willi-Brandt-Straße 60.

Dunkle Kreuze
Erinnerung an eine bewegte Zeit

Auf dem Anscharplatz gibt es viele Bänke, auf denen man abseits des Verkehrs ein wenig Ruhe genießen kann. Der Betrachter lässt seinen Blick über den lauschigen Platz und über die malerische Fassade schweifen – und stutzt. An einem der Gebäude ist neben dem Eingang ein großes dunkles Kreuz eingemauert. Und am Giebel zwei weitere.

Warum? „Diese Kreuze erinnern an die bewegte Geschichte des Anscharplatzes", erklärt Dr. Rita Bake von der Landeszentrale für politische Bildung. Denn dort, wo heute manch einer seine Mittagspause auf einer der Bänke genießt, stand einst eine Kapelle. Und die heutigen Wohnhäuser wurden durchaus nicht immer als solche genutzt.

> „Diese Kreuze erinnern an die bewegte Geschichte des Anscharplatzes."

Doch von vorne: Als anno 1713 in Altona die Pest ausbrach, wurden Hamburgs Grenzen dichtgemacht und die Mitglieder der Deutsch-Reformierten Kirche hatten keine Möglichkeit mehr, ihre Kirche im liberalen Altona zu besuchen. Sie kauften ein Haus am Valentinskamp, nun wurde hier gepredigt. Wechselweise auf Deutsch und auf Holländisch, da die Gemeinde viele holländische Mitglieder hatte. Das gefiel den Hamburger Lutheranern aber gar nicht. „Als die Reformierten 1714 den Kirchensaal so erweiterten, dass immerhin 500 Menschen darin Platz hatten, taten sie ihren Unmut lauthals kund", berichtet Bake. Der Rat der Stadt habe schließlich sogar versucht, „fremde Religionen unter dem Schutz von Residenten" zu verbieten, kam damit aber nicht allzu weit: „Davon wären Preußen und die Generalstaaten betroffen gewesen, und die haben dann sehr deutlich gemacht, dass man schließlich auch die Lutheraner in reformierten Gebieten dulde."

1785 wurde die Gemeinde öffentlich anerkannt, noch 72 Jahre lang fanden hier Gottesdienste statt, dann war die alte Kirche am Anscharplatz baufällig und wurde abgerissen. „Die reformierte

Dr. Rita Bake blickt zu dem Kreuz empor.

Gemeinde baute eine neue Kirche an der Ferdinandstraße", erzählt Rita Bake. Und nun kam der „Verein für Innere Mission" ins Spiel: Er kaufte das Grundstück von der reformierten Gemeinde, um dort eine Kapelle, eine Schule und eine Lehrerwohnung zu errichten. Gekauft, getan: Die St. Anschar Kapelle wurde gebaut, am 27. März 1860 eingeweiht und fortan fanden hier evangelisch-lutherische Gottesdienste und Versammlungen der Inneren Mission statt, die wohl auch die Kreuze an der Hauswand anbrachte. Die lutherische Gemeinde war ungemein aktiv: Pastor Wilhelm Baur (1826–1897) gründete den „Anschar-Armenverein" und auch eine Volksschule sowie eine Kleinkinderschule, auch ein Asyl für gefährdete junge Mädchen wurde errichtet. Um Helferinnen für die Pflege der Kranken und Armen zu gewinnen, wurde die weibliche Diakonie weiter ausgebaut. „Auf dem Anscharplatz wurde ein Diakonissenhaus, Bethlehem genannt, für zehn Pflegerinnen errichtet, das 1881 für 40 Diakonissen und auf vier Krankenzimmer für weibliche Kranke und Kinder erweitert wurde", sagt Rita Bake. Die Aufgaben der „Bethlehem-Schwestern" hätten von der Krankenpflege über die Beaufsichtigung der Kinder in „Krippe" und „Kinderheim" bis hin zur Lehrerinnentätigkeit an der Mädchenschule von St. Anschar gereicht.

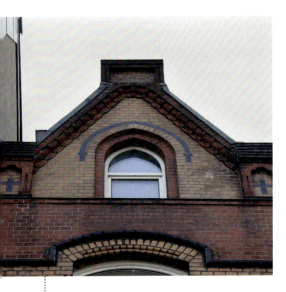
Die Kreuze am Giebel.

Irgendwann wurde die Platznot am Anscharplatz zu groß: Dank einer Spende gelang es der Inneren Mission, 18 Morgen Land zu kaufen, darauf entstanden ein Altenheim, eine Kirche und eine Erholungsstätte für Diakonissen. „Damit war die Zeit am Anscharplatz zu

Ende", berichtet Rita Bake. Doch es ging spannend weiter: Zu Beginn des 20. Jahrhunderts wurden die Räume am Anscharplatz als Ateliers genutzt, 1932 durften hier ein Jahr lang notleidende Künstler leben, es fanden sich Bohèmiens ein, man war eher links gerichtet, in rechten Kreisen galt der Anscharplatz als „Kommunistennest" und wurde regelmäßig von der Gestapo überwacht. Ende 1935 zogen die systemkritischen Künstler nach und nach fort, das Haus wurde im Krieg ausgebombt, ansonsten blieb der Platz aber weitgehend verschont und die heute nicht mehr erhaltene Kapelle fiel keineswegs dem Krieg, sondern der Modernisierung und Sanierung in den 1960er-Jahren zum Opfer. Nur die Kreuze erinnern noch daran, welche aktiven religiösen Gemeinden hier einmal gewirkt haben.

Eva-Maria Bast

So geht's zu den Kreuzen:

Vom Valentinskamp führt in Höhe des Hauses Nummer 20 ein Durchgang zum St. Anscharplatz. Die Kreuze finden sich am vorletzten Haus der Häuserfassade auf der rechten Seite.

Harald Harmstorf vor dem Wrack der „Uwe", das bei Ebbe gut zu sehen ist.

46 Wracks vor Blankenese
Das Desaster nach der Katastrophe

*E*s sieht aus, als ob jemand ein ganzes Schiff in den Boden gerammt hätte. Mit einem Winkel von etwa 45 Grad ragt das Heck der „Uwe" in die Höhe, vor allem bei Ebbe ist es ein skurriles Bild. Wenn Harald Harmstorf hier am Falkensteiner Ufer am Strand steht und auf das Wrack schaut, dann läuft in seinem Kopf immer wieder der ganze Film ab. „Das war die beschissenste Bergung in der Firmengeschichte", sagt er dann und lacht. Die Geschichte der Firma Harmstorf und Söhne ist übrigens 150 Jahre alt.

Wenn Harmstorf anfängt zu erzählen, hat man den Eindruck, das Ganze sei vergangene Woche passiert, so präsent hat er alle Details. Dabei begann alles am 19. Dezember 1975. Die „Uwe", ein Binnenschiff, hat bei der Norddeutschen Affinerie 600 Tonnen Kupferschlacke geladen, die zur Uferbefestigung genutzt werden soll. Vor Wittenberge, weiter stromabwärts, wird die „Uwe" von dem Frachter „Wiedau" überholt, doch die entgegenkommende „Miecsylaw Kalinowski" – ein polnischer Frachter – läuft aus dem Ruder. Die „Wiedau" wird gerammt und kollidiert wiederum mit der „Uwe". Beide Schiffe sinken und zwei Besatzungsmitglieder kommen ums Leben.

„Wir sind gleich angerufen worden", erzählt Harmstorf, dessen Familienunternehmen im Besitz von Bergungsschiffen ist und Taucher beschäftigt. „Wir hatten damals einen Pauschalvertrag mit dem Amt für Strom- und Hafenbau", erinnert er sich.

Ein paar Meter weiter liegt ein weiteres Wrack: die 1925 gesunkene „Polstjernan".

Doch die Rettungskräfte können nicht gleich aktiv werden. Die „Wiedau" liegt über der „Uwe" und soll von der Reederei Bugsier selbst geborgen werden. „Die haben erzählt, dass sie zehn Tage brauchen", sagt der Unternehmer. „Gedauert hat es dann aber zehn Wochen."

Das Problem ist die sehr starke Strömung. Die Taucher können immer nur maximal eine halbe Stunde bei „Stauwasser" arbeiten, das ist die Zeitspanne zwischen Ebbe und Flut. Zu den anderen Zeiten machen Ober- und Unterströmung den Einsatz unmöglich. Also können Harmstorf und seine Männer erst Ende Februar 1976 mit der Bergung beginnen. „Man hat uns gesagt, dass das Schiff längs liegt. Und das wäre gut gewesen. Tatsächlich lag die ‚Uwe' quer zum Fluss", erzählt Harmstorf. Deswegen ist es fast unmöglich, das Schiff auszubaggern, um es leichter zu machen – denn sofort setzt sich wieder Schlick fest. Der Einsatz von großen Greifern scheitert auch an der Strömung. „Also mussten wir es mit Gewalt machen", sagt Harmstorf. Drei mächtige Stahlseile wurden unter der „Uwe" befestigt, um das Schiff zu heben. „Plötzlich gab es einen gewaltigen Ruck. Und ich dachte gleich: Jetzt haben wir das Schiff durchgebrochen", erzählt der Firmensenior. Und tatsächlich: Das Schiff war in drei Teile zerrissen.

Also wurden die drei Stücke an den Strand bei Falkenstein geschleppt, denn dort hatte die Firma damals noch ihren Sitz. Bug und Mittelschiff wurden an Land gezogen, ausgeschlachtet und verwertet. Drei Monate dauerten die Arbeiten – für einen Pauschalpreis von 130.000 Mark. „Gekostet hat es das Doppelte", sagt Harmstorf. Aber so sei das nun mal bei solchen Geschäften: Manchmal verdiene man, manchmal zahle man eben drauf.

Das Heck des Schiffes durfte aber nicht an Land gezogen werden. „Die Staatsanwaltschaft wollte noch Beweismittel sichern", sagt Harmstorf. Denn der Unfall auf der Elbe kam natürlich vor Gericht, die Schuldfrage musste geklärt werden und vor allem, welche Versicherung wie viel zu zahlen hat.

Dass Gerichte manchmal ziemlich viel Zeit brauchen, ist bekannt. Für Seegerichtsprozesse gilt das erst recht. 15 Jahre vergingen, bis man sich auf einen Vergleich geeinigt hatte. Die „Miecsylaw Kalinowski" bekam die Hauptschuld, die „Wiedau" war mitverantwortlich und die „Uwe" völlig schuldlos. Doch ihr Heck lag noch immer am Strand und ragte in die Höhe.

Schon etwas verblichen ist der Schriftzug „Hamburg" auf dem Heck. Alle paar Jahre wird er nachgemalt.

„Da hatten einige längst das Ruder und die Schraube geklaut", erzählt Harald Harmstorf schmunzelnd. Die Stadt kam auf ihn zu und forderte ihn auf, das Wrack zu entfernen. „Hätte ich auch gemacht, aber nur gegen eine Extrazahlung. Ich hatte schon genug draufgezahlt", sagt der Unternehmer. Doch weder die Stadt noch die Versicherungen waren bereit, dafür Geld auszugeben. „Und dann haben die Anwohner hier eine Eingabe gemacht, dass sie das Wrack behalten wollen. Als Erinnerung an das Unglück."

„Und dann haben die Anwohner hier eine Eingabe gemacht, dass sie das Wrack behalten wollen. Als Erinnerung an das Unglück."

So kam es dann auch. Viele erfreuen sich an der Attraktion, die immer bei Ebbe zu sehen ist. Alle paar Jahre malt ein Blankeneser sogar den Schriftzug „Hamburg" neu nach. Und weil nur ein paar Meter weiter das Wrack der 1925 gesunkenen „Polstjernan" am Strand liegt, ist es schon fast ein kleiner Schiffsfriedhof. Nur Harald Harmstorf schaut am liebsten weg, wenn er an der „Uwe" vorbeifährt. „Ich will an das Mistding nicht erinnert werden", sagt er. Und lächelt dann doch.

Sven Kummereincke

So geht's zum Schiffswrack:

Das Wrack kann man bei Ebbe sehen, wenn man vom Anleger Blankenese etwa 500 Meter zu Fuß stromabwärts geht.

Kirchenwiese
Kommerz 1 – Kunst 0

Wie Sie sehen, sehen Sie nichts. Stimmt natürlich nicht so ganz. Da ist immerhin eine Kirche: St. Gertrud. Die hat man zwar im Dorf gelassen, allerdings ist das Dorf nicht mehr da. Und dann gibt es da noch ein monumentales Kunstwerk von Joseph Beuys (1921–1986) – das ebenfalls nicht vorhanden ist. Okay: Bevor jetzt alle völlig verwirrt sind, fangen wir am besten noch einmal von vorne an.

Wir befinden uns in Altenwerder, einem uralten Dorf, südlich der Elbe nahe Finkenwerder gelegen. Die kleine Gemeinde, die seit 1937 zu Hamburg gehört und in der noch in den 1950er-Jahren mehr als 2000 Menschen lebten, ist ein Opfer des Erfolgs der Hafenwirtschaft geworden. „1960 wurde Altenwerder zum Hafenerweiterungsgebiet erklärt, und damit konnte der Hamburger Senat alle Neubauten und Verkäufe an Dritte verhindern", sagt Alexandra zu Knyphausen, die als Redakteurin beim „Hamburger Abendblatt" seit Jahrzehnten das Stadtgeschehen verfolgt. Die Stadt selbst kaufte nach und nach alle Grundstücke – die Einwohner wurden schließlich zum Wegzug gezwungen. Die letzten Altenwerder gingen 1998. Die Häuser, deren Reste man heute noch sehen kann, wurden alle abgerissen – nur die Kirche und der angrenzende Friedhof blieben stehen. Unmittelbar daneben erstreckt sich eine der modernsten Hafenanlagen der Welt: das Container-Terminal Altenwerder (CTA). Die Kräne und Carrier dort bewegen sich vollautomatisch und computergesteuert.

Welch Gegensatz zu dem alten Bauerndorf!

Dort wuchs in den frühen 80er-Jahren der Widerstand gegen die Hafenerweiterung immer stärker an. „Altenwerder war zu einem Symbol geworden – und das hatte viel mit der aufkommenden Umweltbewegung zu tun", erinnert sich zu Knyphausen. Die ökologischen Probleme waren gewaltig: Aus der Elbe wurde ein mit Schwermetallen verseuchter Fluss, aus dem die Fischer Aale voller Geschwüre zogen;

Alexandra zu Knyphausen vor der Kirche in Altenwerder.

Autos und Industrie bliesen ihre giftigen Abgase nahezu ungefiltert in die Luft und Waldsterben war das Thema, das im ganzen Land hitzig debattiert wurde. Und dann wurden im südlichen Teil Altenwerders jährlich mehr als zwei Millionen Tonnen giftiger Elbschlick abgelagert – weil es viel billiger war als eine Entsorgung.

In diesem Klima rief die Kulturbehörde im Mai 1983 einen Kunstwettbewerb aus: „Stadt – Natur – Skulptur". Er war mit 400.000 Mark dotiert und „gesellschaftliche Bezüge" ausdrücklich erwünscht. Josef Beuys, Enfant terrible der deutschen Kunstszene, beteiligte sich – und gewann.

Sein Vorschlag war erwartungsgemäß radikal: Als Ort wählte er die belasteten Spülfelder Altenwerders, wo er eine 500 Kilogramm schwere Basaltsäule mit dem programmatischen Namen „Das Ende des 20. Jahrhunderts" abwerfen wollte. „Der Untergrund sollte zuvor mit Samen schnell wachsender Pflanzen vermischt werden. Den Basalt sah Beuys als Ausdruck erstarrter Energie, dessen Bearbeitung mit Blei als Hinweis auf die ökologischen Zerstörungen", erläutert Alexandra zu Knyphausen. Mit den Pflanzen schließlich wollte der Künstler die „Todeszone" in eine „Kunstzone" umwandeln.

Beuys gab dem Projekt den Namen „Gesamtkunstwerk Freie und Hansestadt Hamburg". Das war durchaus ernst gemeint, denn er wollte nicht weniger als die Gegensätze zwischen Ökonomie und Ökologie auflösen – jedenfalls den Anstoß dafür geben. Denn neben dem Kunstwerk in Altenwerder sollte in der Innenstadt ein Diskussionsforum geschaffen werden: ein Büro als Anlaufstelle, in der Politiker, Beamte, Umweltschützer, Wirtschaft, Wissenschaftler und Künstler an der ökologischen Umgestaltung der Stadt arbeiten würden. Wie ernst es Beuys mit alldem war, zeigt sich auch daran, dass er die 400.000 Mark in eine Stiftung einbringen wollte, um das Büro zu finanzieren – die Kosten des Kunstprojekts in Altenwerder trage er selbst, kündigte er an.

Kaum war das Projekt von Kultursenatorin Helga Schuchardt der Öffentlichkeit vorgestellt worden, entbrannte eine heftige öffentliche Debatte. „Zum Teil wurde sie sehr polemisch geführt, in konservativen Kreisen war Beuys nicht gerade gut angesehen", schildert zu Knyphausen die Situation. Die Debatte führte dazu, dass der Senat die Entscheidung der Kulturbehörde rückgängig machte – das Projekt wurde beerdigt. Bausenator Eugen Wagner hatte dies beantragt – und mit Haushaltsproblemen begründet. Das war natürlich ein vorgeschobenes Argument. Der Senat hatte wohl eher Angst vor der öffentlichen und veröffentlichten Meinung, in der die ganze Sache eher als „Spinnerei" abgetan wurde.

Wenn es um den Hafen und freie Fahrt auf der Elbe geht, da haben die Hamburger ohnehin noch nie viel Spaß verstanden. Sie haben zur Not Kriege geführt, gelogen und gefälscht (siehe Geheimnis 02), und mit der eigenen Bevölkerung waren sie auch nie zimperlich (siehe Geheimnis 07).

„Letztlich war Josef Beuys seiner Zeit weit voraus, und es war eigentlich klar, dass sein Projekt damals im Hamburger Umfeld scheitern musste", sagt Alexandra zu Knyphausen heute. So ist die Notwendigkeit des Ausgleichs zwischen Ökonomie und Ökologie schon lange Allgemeingut. Und auch der Hamburger Senat ist nicht mehr gewillt – und schon gar nicht in der Lage – Industrie- und Hafenpolitik ohne Rücksichten auf Umweltbelange zu machen.

Zu Knyphausen bedauert es, dass Beuys' Projekt damals gescheitert ist. Wenn man aber heute vor der alten Kirche in Altenwerder steht und das viele Grün direkt neben dem Terminal sieht, dann ist die Wirklichkeit gar nicht so weit von der Beuys-Idee entfernt.

Sven Kummereincke

So geht's zur Kirchenwiese:

Ab Bahnhof Altona mit dem Bus der Linie 150 bis Waltershof, dann mit Linie 151 bis Altenwerder. Die Kirche steht an der Straße Altenwerder Querweg.

Merkwürdige Gebilde
Überbleibsel aus dem Kalten Krieg

In Gärten oder auf Grünflächen befinden sich ja gemeinhin Büsche, Sträucher und Blumen. Nicht so auf diesem Stück Rasen in der Esplanade. Hier ragen stattdessen merkwürdige Rohrkonstruktionen aus dem Untergrund und es gibt ein Stück Mauer, aus dem zwei Rohrenden herausschauen. Außerdem liegen da eine Platte und ein verrosteter Deckel, zum Boden hin ist er mit einer Art Gitter versehen. Wenig schön sieht das aus, eigentlich sogar schon hässlich – und in der Tat war auch der Grund, aus dem diese Gebilde errichtet wurden, kein schöner: der Kalte Krieg. „Das hier sind Belüftungs- und Tankschächte des stabilsten Atombunkers, den wir haben", sagt Ronald Rossig, Spezialist für alles, was in Hamburg unterhalb der Oberfläche liegt. Heute befindet sich eine Tiefgarage darin, die Schächte und Rohre sind mit ihr verbunden. „In den Bunker passen 1500 Menschen rein und die sollen im Notfall ja versorgt werden, sie brauchen Luft und Strom." Der Strom, erklärt Rossig, wird durch zwei große Dieselmotoren erzeugt, die Rohre, die aus dem Boden ragen, sind die Betankungsanschlüsse und Entlüftungsrohre für den Notstromdiesel. Die große Platte ist ein Notausgang und der Deckel mit dem Gitter dient der Entlüftung.

»Das hier sind Belüftungs- und Tankschächte des stabilsten Atombunkers, den wir haben.«

Entstanden ist der Atombunker in den 1960er-Jahren, erläutert Rossig. Unzählige Bunker wurden damals gebaut, als die Westmächte unter der Führung der USA und der Ostblock mit der Sowjetunion an der Spitze in den Jahren von 1947 bis 1989 einen harten Konfrontationskurs zwischen Kapitalismus auf der einen und Kommunismus auf der anderen Seite einschlugen. Die Waffen waren politischer, wirtschaftlicher, technischer und militärischer Art, und wenn es auch nicht zu einer direkten militärischen Auseinandersetzung kam, so rüsteten

Ronald Rossig schraubt an den Deckeln des unter der Erde liegenden Tanks.

beide Mächte doch um die Wette auf. Und zwar nicht zuletzt mit Atomwaffen. Man drohte sich gegenseitig mit einem Atomkrieg, die Angst vor der Auslöschung der Menschheit regierte Hamburgs Bürger ebenso wie den Rest der Menschen im Osten und im Westen. Begriffe wie „Gleichgewicht des Schreckens" und „Overkill" entstanden in dieser Zeit, denn die Arsenale waren so gewaltig, dass alles Leben auf der Erde gleich dutzendfach hätte vernichtet werden können.

Im Vordergrund eine Platte, die den Notausgang aus dem Bunker verdeckt. Im Hintergrund ist die Lüftungsanlage zu sehen.

Besonders hoch kochte diese Angst vor allem in den Jahren 1948/49 während der Berlin-Blockade, 1962 zur Zeit der Kubakrise und in den Jahren 1979 bis 1982, als es heftige Konflikte um Mittelstreckenraketen gab. Das waren die Phasen, in denen aus dem kalten leicht ein heißer Krieg hätte entbrennen können. „Es gab natürlich längst nicht genügend Bunker, um alle Menschen fassen zu können", sagt Rossig. „Man mag sich also gar nicht vorstellen, was die Folge eines tatsächlichen Atomkriegs gewesen wäre." Doch dazu ist es ja zum Glück nie gekommen und es war ohnehin ein Irrglaube, dass man die Menschen auch nur ansatzweise hätte schützen können. Seit 1989 ist der Kalte Krieg vorbei. Und der ehemalige Atombunker bietet heute etwas, was in Hamburg durchaus gebraucht wird: Parkplätze.

Eva-Maria Bast

So geht's zu den Resten des Atomschutzbunkers:

Die merkwürdigen Überbleibsel befinden sich auf der Wiese neben dem Gebäude Esplanade 41.

Michael Studemund-Halévy blickt zum Michel empor, dessen Kupferdach Abraham Senior Teixeira für den Vorgängerbau gestiftet hatte.

49

Kupferdach
Skandal am Karfreitag

Fünf Hauptkirchen gibt es in Hamburg: St. Petri, St. Katharinen, St. Jakobi, St. Nikolai und St. Michaelis. St. Michaelis? Kein Hamburger sagt das, es ist natürlich der Michel. Und diese liebevolle Bezeichnung macht auch die Sonderstellung deutlich – es ist *die* Hamburger Kirche, weithin sichtbar mit dem unverwechselbaren Turm und dem in der Sonne leuchtenden Kupferdach. Als 1647 der Bau des ersten Michel, der 1750 abbrannte, beschlossen wurde, war man natürlich auf Spenden angewiesen. Besonders großzügig zeigte sich ein Großkaufmann und Bankier: Er stellte das so wertvolle Kupfer zur Verfügung, das sich dramatisch verteuert hatte, seit um 1600 die Vorkommen im Harz erschöpft waren. Doch der Spender war kein Hanseat, der aus christlicher Überzeugung handelte: Es war Diego Teixeira de Sampayo (1581–1666), ein portugiesischer Jude und Neu-Hamburger. Und der hatte gerade für einen handfesten Skandal gesorgt...

Teixeira entstammte einer alten jüdisch-portugiesischen Adelsfamilie, die gezwungen worden war, formell zum Christentum überzutreten. Viele entschlossen sich deswegen zur Auswanderung, auch Teixeira, der zunächst nach Brasilien ging, sich 1613 in Antwerpen niederließ und 1646 nach Hamburg übersiedelte. Teixeira war nicht irgendein Kaufmann: Er war als Bankier für das dänische Königshaus und die Fürsten von Holstein-Gottorf tätig, betrieb Überseehandel in großem Stil und handelte mit Luxusartikeln aller Art. Ebenso reich wie angesehen, mochte er seine Herkunft und seinen Glauben nicht länger verleugnen. Am Karfreitag 1647 ließ er sich und seinen Sohn Manuel Isaak (1631–1705) beschneiden, nannte sich nun Abraham und trat offiziell zum Judentum über. Das geschah nicht etwa heimlich, sondern wurde groß gefeiert – und das war für die in Hamburg vorherrschenden orthodoxen Lutheraner eine Provokation. Zwar lebten mittlerweile Hunderte Portugiesen in Hamburg (siehe Geheimnis 06), doch offiziell waren sie als Christen eingereist.

Der lauteste – und engstirnigste – unter den Juden-Gegnern war Johannes Müller (1598–1672), der Hauptpastor von St. Petri. Er predigte, dass Synagogen „Satansschulen" seien, verlangte schärfste Unterdrückung des jüdischen Glaubens und wollte ihnen nicht einmal private Beträume zugestehen. Dass er in der Bevölkerung damit Anklang fand, lässt sich natürlich auch mit dem Neid auf den Reichtum von Männern wie Teixeira erklären, die ihren Erfolg offen zur Schau trugen. So prächtige Kutschen, wie sie der „reiche Jude" hatte, und eine Heerschar von Dienern, darunter auch Schwarzafrikaner, hatte man in Hamburg zuvor noch nicht gesehen.

Während der Senat unbeeindruckt von der Hetze blieb, erwuchs Teixeira ein viel mächtigerer Gegner als der Pastor: Kaiser Ferdinand

III. (1608–1657), der beim Hamburger Rat protestierte und ein Verfahren gegen den Juden verlangte. Doch die Stadtregierung blieb bei ihrer Linie. Aber Kaiser Ferdinand III. gab keine Ruhe und schließlich kam es zu einem Verfahren vor dem Reichskammergericht. Neun Jahre zog sich der Prozess hin, dann bekam Teixeira Recht. Viele Zeitgenossen hatten ohnehin vermutet, dass es dem katholischen Kaiser letztlich nicht um Glaubensfragen ging, sondern um die Einziehung des ungeheuren Vermögens.

Das Handelshaus Teixeira florierte auch in den folgenden Jahren, sein Ruf wurde sogar noch gesteigert, als die abgedankte schwedische Königin Christina (1626–1689) die Teixeiras zu ihren Repräsentanten und Bankiers machte. Zeitweise lebte die konvertierte Katholikin sogar bei der jüdischen Familie in Hamburg.

Das Grab Abraham Teixeiras ist auf dem jüdischen Friedhof an der Königstraße zu sehen.

Nach dem Tod Abrahams führte sein Sohn Manuel Isaak die Geschäfte mit großem Erfolg weiter. Doch die Zeiten der Toleranz gingen zu Ende, die antisemitische Fraktion gewann immer mehr an Einfluss. 1699 reichte es Manuel Isaak Teixeira: Er verließ die Stadt Richtung Niederlande. Weil er natürlich auch sein Kapital abzog, kam es zu einem Börsenkrach in Hamburg. Der Pastor Johannes Müller erlebte das nicht mehr – er war 1672 mitten in einer Predigt an einem Herzinfarkt gestorben. Ob er gerade über Juden gesprochen hatte, ist nicht überliefert.

Sven Kummereincke

So geht's zum Kupferdach:

Der Michel steht an der Englischen Planke 1, am schönsten ist die Anfahrt mit der U3 am Hafen entlang bis zur Station Baumwall.

Küchenjunge
Ein Kleiner, der das Essen liebt

Der kleine Küchenjunge.

Es scheint eine ganz besonders köstliche Speise zu sein, die der kleine Küchenjunge da von seinem Löffel leckt. Ein süßer Brei vielleicht? Zumindest fällt einem beim Anblick der Steinskulptur, die ihren Löffel übrigens nicht nur abschleckt, sondern auch liebevoll umschlingt, gleich Grimms Märchen vom Süßen Brei ein. Doch was hat der Kleine im Rathausinnenhof zu suchen? Inmitten der ehrwürdigen Figuren? Will er daran erinnern, dass auch Menschen, die Politik machen, gerne essen? So ähnlich: „Das Fenster, über dem der Kleine steht, ist das Fenster zum Ratsweinkeller, wie er früher hieß. Jetzt ist dort das Restaurant ‚Parlament' untergebracht", erklärt Stadtführerin Nicola Janocha. „Als es noch Bewirtungsstätte des Rathauses war, musste hier ein Fenster zur Belüftung der Küche her." Und das habe man ausdrücklich nicht zur Straße hin ausrichten dürfen, „um die Hausfassade nicht zu stören. Also musste es zum Hof zeigen." Um die Bedeutung des Fensters zu unterstreichen, „und einfach auch als Kontrapunkt zu den anderen

Nicola Janocha tut es dem Küchenjungen gleich und schleckt an einem Kochlöffel, den sie sich im Rathausrestaurant „Parlament" ausgeliehen hat.

sehr ernsten Skulpturen", hat man diesen kleinen Küchenjungen mit seinem Löffel über das Fenster gesetzt. Mit ein bisschen Nahrung hat man ihn auch ausgestattet: Zu seinen Füßen finden sich ein Apfel oder ein Kürbis und weitere Früchte. „Ich finde ihn schön, weil er mit relativ viel Liebe zum Detail gemacht ist", bekennt Nicola Janocha. Vielleicht sollte der kleine Mann dem Ratskeller ja auch Glück bringen: Dieses Hamburger Rathaus ist – je nach Auslegung – bereits das sechste. Vermutlich standen die ersten beiden am Hopfenmarkt (Neustadt) und am Alten Fischmarkt (Altstadt). 1216 wurden die bischöfliche Altstadt und die gräfliche Neustadt zusammengeschlossen und gründeten ein gemeinsames – das dritte – Rathaus in der Kleinen Johannisstraße. Bei einem Brand 1284, dem alle Häuser zum Opfer fielen, wurde wahrscheinlich auch das Rathaus zerstört. Das vierte Rathaus wurde um 1290 an der Trostbrücke errichtet und in den folgenden Jahrhunderten erweitert, Anfang des 17. Jahrhunderts zum Beispiel um einen Renaissance-Anbau. 1842 opferte man das Rathaus, um den großen Brand aufzuhalten – die Maßnahme nutzte allerdings nichts (siehe Geheimnis 16). Das Waisenhaus in der Admiralitätsstraße wurde provisorisches Rathaus. „Und die Bürger tagten im Gebäude der Patriotischen Gesellschaft. Deshalb ist unklar, ob man das Haus in der Admiralitätsstraße tatsächlich als Rathaus rechnen soll", erklärt Nicola Janocha. „Je nach Auslegung ist das jetzige Rathaus also das fünfte oder sechste." Nach dem Brand begannen die Überlegungen zum Bau des heutigen Rathauses, der, von den ersten Entwürfen bis zur Fertigstellung 1897, stolze 43 Jahre dauerte. Warum so lange? Nun, die Zeit war eine bewegte: 1848/49 tobte die Revolution, 1857 folgte die Wirtschaftskrise, 1870/71 die Reichsgründung. „Auch die Choleraepidemie von 1892 war für Hamburg sehr bedeutend", sagt die Stadtführerin. „Dadurch verzögerte sich der Bau, ebenso durch

„Auch die Choleraepidemie von 1892 war für Hamburg sehr bedeutend. Dadurch verzögerte sich der Bau, ebenso durch den Streik der Arbeiter 1889. Und schließlich wollten eben alle irgendwie mitreden, auch das führte zu Verzögerungen."

den Streik der Arbeiter 1889. Und schließlich wollten eben alle irgendwie mitreden, auch das führte zu Verzögerungen." Zahlreiche Entwürfe habe es gegeben, viele davon wurden wieder verworfen, die letztendliche Bauzeit dauerte dann immerhin auch noch elf Jahre. Und unter den Männern, die dann den Zuschlag erhielten, war eben auch Theodor Richard Thiele, der den kleinen Küchenjungen schuf.

Ob der Bildhauer an seine Lieblingsspeise dachte, als er ihn in Stein meißelte?

Eva-Maria Bast

So geht's zum Küchenjungen:

Der kleine Küchenjunge befindet sich über dem halbrunden Fenster im Rathausinnenhof. Wenn man den Hof von der Großen Johannisstraße betritt, entdeckt man den Kleinen rechter Hand.

Danksagung

Geheimnisse sind ständig einer Gefahr ausgeliefert. Der Gefahr, vergessen zu werden. Ohne Menschen, die ihr Wissen zum rechten Zeitpunkt weitergeben, würden enorme Schätze für immer verloren gehen. Wir danken all jenen, die ihr Wissen mit uns geteilt und sich viel Zeit genommen haben, um uns auf unserer Spurensuche zu begleiten. Eigentlich ist es viel mehr das Buch dieser „Geheimnispaten" als das Werk von uns Autoren.

Dem Hamburger Abendblatt danken wir für das Vertrauen und die Unterstützung. Chefredakteur Lars Haider zeigte sich von der Idee gleich begeistert und hat mit seiner offenen und unkomplizierten Art den Weg für dieses Buch bereitet und die notwendigen Kontakte hergestellt – so auch zu Vivian Hecker, Leiterin Marketing und Events, die uns sachkundig, kompetent und sehr engagiert beraten hat. Vielen Dank an das gesamte Marketing-Team, vor allem aber auch an Olaf Schulz, der das Projekt betreut und das ganze Manuskript vor Druck mehrfach gelesen hat. Ein großer Dank geht auch an die Kollegen der Redaktion, die uns mit ihren Beiträgen im Blatt unterstützt haben. Und natürlich an das gesamte Team vom Bast Medien Service, das hinter den Kulissen sehr, sehr fleißig war.

Eva-Maria Bast und Sven Kummereincke im Oktober 2014

Literatur und Quellen

Bake, Dr. Rita:
Verschiedene Welten II. Hamburg 2010, S. 151 ff., S. 178–181.

Bargen, Susanne v.; Zapf, M.:
Das Hamburger Rathaus. Hamburg 2012.

Bentfeldt, H. J.:
Hamburg und Hamm in der Franzosenzeit 1806 bis 1814, Führer zur Ausstellung. Hamburg 1991.

Beatles:
Eine Hamburger Musikkarriere. URL: www.hamburg.de/kultur/1525822/beatles-in-hamburg-geschichte. Stand: 1.6.2014.

Brand, Felix:
Visueller Stil in den Edgar-Wallace-Filmen der Rialto/Constantin: Eine Analyse der deutschen Kriminalfilmserie von 1959–1972 am Beispiel vier ausgesuchter Schwarzweißfilme Alfred Vohrers. Saarbrücken 2012.

Brandt, Heinz-Jürgen:
Das Hamburger Rathaus. Hamburg 1957.

Briegleb, Till:
Gestaltung Bunkerruine Fink II in Hamburg-Finkenwerder. Hamburg 2007, S. 24 ff.

Deutsche Gesellschaft für Post- und Telekommunikationsgeschichte e.V. URL: www.dgpt.org/de/heftinhalt.html&quid=7993&arid=7996. Stand: 2.6.2014.

Ehlers, Franz:
Die Geschichte der Hauptzollämter in Hamburg bis zum Jahre 1934. o.O., o.J., S. 302 ff. (In Teilen als Fotokopie im Stadtteilarchiv Ottensen.)

Fleetschlösschen. URL: www.fleetschloesschen.de/history. Stand: 1.6.2014.

Frank, Joachim W.; Groschek, I.; Hering, R.; Reißmann, V.:
Der Michel brennt! Die Geschichte des Hamburger Wahrzeichens. Bremen 2006.

Gretzschel, Matthias:
Hamburgs Kirchen: Geschichte, Architektur und Angebote. Hamburg 2013. Hamburger Abendblatt.

Gretzschel Matthias:
Kleine Hamburger Stadtgeschichte.
Regensburg 2008.

Graetz, Heinrich, in:
Geschichte der Juden von den ältesten Zeiten bis auf die Gegenwart. Leipzig 1897, 10. Band, S. 425–428.

Hagenbeck – Ein „Kunstwerk" vieler Generationen. URL: www.hagenbeck.de/tierpark/wir-ueber-uns/geschichte.html. Stand: 31.5.2014.

Hamburger Abendblatt vom 17.1.1963.

Hamburg Bildungsserver:
Hamburg Zollanschluss. URL: www.bildungsserver.hamburg.de/der-historische-ort/2374928/der-zollanschluss/. Stand: 30.7.2014.

Hamburger Feuerwehrhistoriker. URL: www.feuerwehrhistoriker.de/download/brand_1842.pdf. Stand: 16.6.2014.

Hamburg:
Mellin-Passage. URL: www.hamburg.de/mellin-passage/. Stand: 1.7.2014.

Hauschild-Thiessen, Renate:
Die Franzosenzeit 1806–1814. Hamburg 1989.

Hirschfeld, Gerhard:
Geschichte des Mahnmals und der Kirchenbauten von St. Nikolai in Hamburg. Hamburg 2010, S. 32 ff.

Hohmann, Tobias:
Der Klassische Kriminalfilm, Band 2: Edgar und Bryan Edgar Wallace. Hille 2011.

Holzer, Jerzy:
Solidarität. Die Geschichte einer freien Gewerkschaft in Polen. München 1985.

Hübner-Haus. URL: www.huebner-haus.de/huebner_haus.html. Stand: 30.5.2014.

Hübner-Haus. Stilvolle Treppenhäuser, schöne Fassaden, eigenwilliges Interieur – der Charme Hamburger Kontorhäuser / Teil IV – Das Hübner-Haus und eine kleine Zeitreise. URL: www.michelegrand.wordpress.com/tag/konditorei-und-marzipanfabrik-georg-hubner/. Stand: 30.5.2014.

Hübner-Haus:
Ausstellung im Treppenhaus. Poststraße, Hamburg.

Jacobdern, Friedrich Gotthold:
Neue Miscellanien historischen, politischen, moralischen, auch sonst verschiedenen Inhalts. o.O. 1782. Google eBook.

Kramp, Joachim; Wehnert, J.:
Das Edgar Wallace Lexikon. Leben, Werk, Filme. Es ist unmöglich, von Edgar Wallace nicht gefesselt zu sein! Berlin 2004.

Kramp, Joachim:
Hallo! Hier spricht Edgar Wallace. Die Geschichte der legendären deutschen Kriminalfilmserie von 1959–1972. 3. Auflage Berlin 2005.

Kramp, Joachim; Naumann, Gerd:
Das große Album der Edgar-Wallace-Filme – Bildband zu den 32 Rialto-/Constantin-Filmen der deutschen Kriminalserie 1959–1972. Berlin 2013/2014.

Kummereincke, Sven; Gretzschel, Matthias:
Hamburger Zeitreise. Hamburg 2013. Hamburger Abendblatt, S. 91 ff.

Laeisz, F.:
Auf den Weltmeeren seit 1828. Broschüre. o.O., o.J., S. 11, 34, 82.

Lange, Ralf:
Architektur in Hamburg – Der große Architekturführer. Hamburg 2008, S. 18.

Lippmann, Leo:
„Mein Leben und meine amtliche Tätigkeit. Erinnerungen und ein Beitrag zur Finanzgeschichte Hamburgs." Aus dem Nachlaß herausgegeben von Werner Jochmann. In: Veröffentlichungen des Verein für Hamburgische Geschichte, Bd. XIX. Hamburg 1964, S. 145.

Maurer, Gudrun:
Legendäre Orte in Hamburg – Was passierte wo? URL: www.viareise.de/viareise/buecher/legendaere-orte-in-hamburg-was-passierte-wo/. Stand: 2.7.2014.

Patriotische Gesellschaft. URL: www.patriotische-gesellschaft.de/geschichte.html?L=1. Stand: 25.5.2014.

Pauer, Florian:
Das Edgar-Wallace-Filmbuch. München 1985.

Prager, Hans Georg:
Reederei F. Laeisz. Hamburg 2004. S. 11, 34, 82.

Rehrmann, Marc-Oliver:
„Als der Traum von der Großrohrpost starb." In:
NDR.de. URL: www.ndr.de/kultur/geschichte/schauplaetze/Als-der-Traum-von-der-Grossrohrpost-starb,grossrohrpost103.html. Stand: 23.5.2014.

Scholz, Kai-Uwe:
Das Zollhaus auf der Butterseite. In: „Kirchspiel Nr.6", Heft der ev.-luth. Gemeinde Christianskirche Ottensen. Hamburg 2012.

Seib, Hans-Uwe:
„Mein ersten Leben." Books on Demand. Hamburg 2012, S. 24 ff.

Spuren der Straßenbahn in Hamburg. (Oberleitungsrosetten). URL: www.fredriks.de/HVV1/Spuren4.php. Stand: 8.7.2014.

Stadtteilarchiv Ottensen e.V./Stiftung Denkmalpflege Hamburg (Hg.):
Der Stuhlmann-Brunnen. Sinnbild und Wahrzeichen im Herzen Altonas. Hamburg 2000.

Stahncke, Holmer:
Altona, Geschichte einer Stadt. Hamburg 2014, S. 163 ff.

St. Michaelis:
Die Franzosenzeit. URL: www.st-michaelis.de/fileadmin/99-redaktion/02-pdf/Die_Franzosenzeit.pdf. Stand: 2.6.2014.

Studemund-Halevy, Michael. In: Kirsten Heinsohn: „Das jüdische Hamburg: ein historisches Nachschlagewerk". Hamburg 2006, S. 229.

Studemund-Halevy, Michael:
Im Jüdischen Hamburg. Ein Stadtführer von A–Z. Hamburg 2011, S. 84 ff., 103 ff.

Studemund-Halevy, Michael; Zürn, Gabriele:
Der jüdische Friedhof Königstraße in Hamburg. Hamburg 2010, S. 24 ff.

Studemund-Halevy, Michael:
Portugal in Hamburg. Hamburg 2007, S. 28 ff.

Universum-Film:
Die toten Augen von London. DVD-Ausgabe des Spielfilms von 1963. München 2004.

Wikipedia:
Adam Ries. URL: http://de.wikipedia.org/wiki/Adam_Ries. Stand: 30.5.2014.

Alsterarkaden. URL: http://de.wikipedia.org/wiki/Alsterarkaden. Stand: 1.7.2014.

Alte Post. URL: http://de.wikipedia.org/wiki/Alte_Post_(Hamburg). Stand: 2.6.2014.

Dekompressionskrankheit. URL: http://de.wikipedia.org/wiki/Dekompressionskrankheit. Stand: 22.5.2014.

Département des Bouches de l'Elbe. URL: http://de.wikipedia.org/wiki/Département_des_Bouches_de_l'Elbe. Stand: 2.6.2014.

Deutsche Fußballmeisterschaft 1902/03. URL: http://de.wikipedia.org/wiki/Deutsche_Fußballmeisterschaft_1902/03. Stand: 24.7.2014.

Deutsche Postgeschichte. URL: http://de.wikipedia.org/wiki/Deutsche_Postgeschichte. Stand: 2.6.2014.

Fleet. URL: http://de.wikipedia.org/wiki/Fleet. Stand: 5.4.2014.

Fleetenkieker. URL: http://de.wikipedia.org/wiki/Fleetenkieker. Stand: 5.4.2014.

Friedrich Gottlieb Klopstock. URL: http://de.wikipedia.org/wiki/Klopstock. Stand:14.5.2014.

Gartenrestaurant Rainville. URL: http://de.wikipedia.org/wiki/Rainvilleterrasse#Gartenrestaurant_Rainville. Stand: 14.5.2014.

Gesamtkunstwerk Freie und Hansestadt Hamburg. URL: http://de.wikipedia.org/wiki/Gesamtkunstwerk_Freie_und_Hansestadt_Hamburg. Stand: 18.6.2014.

Gröningers Braukeller. URL: http://de.wikipedia.org/wiki/Gröningers_Braukeller. Stand: 25.5.2014.

Franzosenzeit. URL: http://de.wikipedia.org/wiki/Hamburger_Franzosenzeit. Stand: 2.6.2014.

Hamburger Rathaus. URL: http://de.wikipedia.org/wiki/Hamburger_Rathaus. Stand: 18.5.2014.

Hamburger Rathaus. URL: http://de.wikipedia.org/wiki/Hamburger_Rathaus#Geschichte. Stand: 20.4.2014.

Hauptkirche Sankt Michaelis. URL: http://de.wikipedia.org/wiki/Hauptkirche_Sankt_Michaelis_(Hamburg). Stand: 1.7.2014.

Kalter Krieg. URL: http://de.wikipedia.org/wiki/Kalter_Krieg. Stand: 24.5.2014.

Klaus Störtebeker. URL: http://de.wikipedia.org/wiki/Klaus_Störtebeker. Stand: 9.7.2014.

Louis-Nicolas Davout. URL: http://de.wikipedia.org/wiki/Louis-Nicolas_Davout. Stand: 2.6.2014.

Moldauhafen. URL: http://de.wikipedia.org/wiki/Moldauhafen. Stand: 18.4.2014.

Oberleitungsrosette. URL: https://de.wikipedia.org/wiki/Oberleitungsrosette. Stand: 8.7.2014.

Postgeschichte und Briefmarken Hamburgs. URL: http://de.wikipedia.org/wiki/Postgeschichte_und_Briefmarken_Hamburgs. Stand: 2.6.2014.

Reichspost. URL: http://de.wikipedia.org/wiki/Reichspost. Stand: 2.6.2014.

Ruhrfestspiele: URL: http://de.wikipedia.org/wiki/Ruhrfestspiele. Stand: 21.5.2014.

Schmidt von Lübeck. URL: http://de.wikipedia.org/wiki/Georg_Philipp_Schmidt_von_Lübeck. Stand: 12.5.2014.

Solidarność. URL: http://de.wikipedia.org/wiki/Solidarność. Stand: 17.7.14.

William Lindley. URL: http://de.wikipedia.org/wiki/William_Lindley. Stand: 6.5.2014.

Foto:

Hauptkirche St. Michaelis: S. 87

Haftungsausschluss

Trotz intensivem Austausch mit unseren Gesprächspartnern, gewissenhafter Literaturrecherche und aufmerksamem Korrekturlesen erheben wir weder einen Anspruch auf Vollständigkeit noch auf Fehlerlosigkeit. Wir haben streng darauf geachtet, keine Urheberrechte zu verletzen, unsere Recherchen sind nach bestem Wissen und Gewissen erfolgt. Dennoch übernehmen wir keinerlei Gewähr für die Aktualität, Korrektheit oder Vollständigkeit der bereitgestellten Informationen. Haftungsansprüche gegen uns schließen wir grundsätzlich aus.

#	
1	*Rohre im Lichtschacht*
2	*Kaiserfiguren*
3	*Ausgescheuerter Türsturz*
4	*Seilscheibe*
5	*Relief im Alten Elbtunnel*
6	*Rickmer Rickmers*
7	*Jahreszahl*
8	*Einstiegshäuschen*
9	*Rätselhafter Schriftzug*
10	*Wandrosetten*
11	*Altes Gleis*
12	*Polen-Schriftzug*
13	*Bienenkorb*
14	*Moldauhafen*
15	*Helle Spuren*
16	*Deichstraße*
17	*Hochzeitstor*
18	*Mosaik*
19	*Judenbörse*
20	*Weiße Spuren*
21	*Schmidt-von-Lübeck-Grab*
22	*Kastanie*
23	*Blücher-Denkmal*
24	*Medaillon*
25	*Grotte*
26	*Steinerne Tiere*
27	*U-Boot-Bunker*
28	*Deckenmalerei*
29	*Schwarz-rot-weiße Steine*
30	*Alte Post*
31	*Klopstock-Grab*
32	*Kiosk*
33	*Stuhlmann-Brunnen*
34	*Börse*
35	*Domplatz*
36	*Hübner-Haus*
37	*Alte Steine*
38	*Dampfboot-Wartezimmer*
39	*Erker und Schriftzug*
40	*Danebrog*
41	*Relief*
42	*Pudel*
43	*Königliches Relief*
44	*Nikolaikirche*
45	*Dunkle Kreuze*
46	*Wracks vor Blankenese*
47	*Kirchenwiese*
48	*Merkwürdige Gebilde*
49	*Kupferdach*
50	*Küchenjunge*

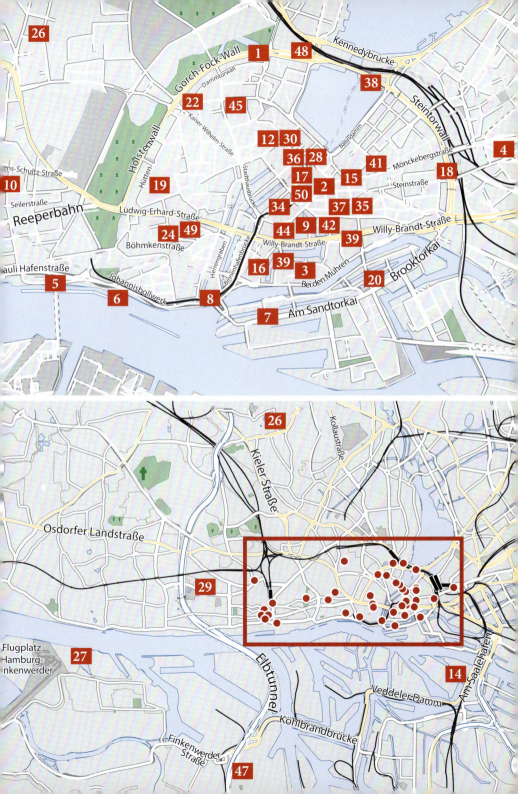

SIE WOLLEN NOCH WEITER AUF DEN SPUREN DER *hamburgischen Geschichte* WANDELN?

Hier gibt es sachkundige Informationen:

Dr. Rita Bake
Landeszentrale für politische Bildung Hamburg.
Publikationen und szenische Stadtrundgänge mit Schaupielerinnen und Schauspielern.
E-Mail: Rita.Bake@bsb.hamburg.de

Dagmar Groothuis und Kathrin Enzel
Commerzbibliothek
Älteste Wirtschaftsbibliothek der Welt; bis heute öffentliche Bibliothek mit aktueller Literatur zu den Themenbereichen Wirtschaft, Recht und Steuern.
Dagmar Groothuis (Bibliotheksleitung)
Adolphsplatz 1 | 20457 Hamburg
Telefon: 040 / 361 383 73
E-Mail: service@commerzbibliothek.de
Website: www.commerzbibliothek.de
Öffnungszeiten: Mo.–Do. von 10 Uhr–20 Uhr, Fr. und Sa. von 10 Uhr–15 Uhr.

Sibylle Hugo
Hamburger Stadtrundgänge
Führungen zu Kontorhäusern, Fassaden und Verborgenem.
Website: www.hamburger-gaestefuehrer.de

Nicola Janocha M.A.
Anhaltspunkt Hamburg
Entdeckungstouren in Hamburg. Z. B.: Hamburg beleuchtet, Literarische Rundgänge, Planten un Blomen. Zu Fuß, mit dem Bus, auf dem Schiff, auch auf Englisch und Spanisch.
Telefon: 01577 / 320 61 17
E-Mail: info@anhaltspunkt-hamburg.de
Website: www.anhaltspunkt-hamburg.de

Wiebke Johannsen M.A.
Individuelle Touren zu (fast) allen Hamburg-Themen und Orten
E-Mail: Wiebke.Johannsen@hamburg.de
Website: www.stadtfuehrung-johannsen.de

Frank Lehmann
Führungen in Hamburg und dem gesamten Norddeutschen Raum sowie Skandinavien
Telefon: 04105 / 770 499
E-Mail: f.lehmann@firmenchronist.de
Website: www.firmenchronist.de

Ronald Rossig
unter-hamburg e.V.
Rundgänge durch unterirdische Bauwerke der Hansestadt. Ein Schwerpunkt der Vereinsarbeit ist die kritische Aufarbeitung der Geschichte des Zweiten Weltkrieges, des Kalten Krieges und der baulichen Hinterlassenschaften dieser Zeit.
Telefon: 040 / 682 675 60
E-Mail: info@unter-hamburg.de
Website: www.unter-hamburg.de

Speicherstadtmuseum
Stiftung Historische Museen Hamburg
Außenstelle Museum der Arbeit
Am Sandtorkai 36 | 20457 Hamburg
Telefon: 040 / 32 11 91 | Fax 040 / 32 13 50
E-Mail: info@speicherstadtmuseum.de
Website: www.speicherstadtmuseum.de
Öffnungszeiten:
1. April–31. Okober:
Mo.–Fr. von 10 Uhr–17 Uhr, Sa., So. und Feiertage von 10 Uhr–18 Uhr.
1. November–31. März:
Di.–So. von 10 Uhr–17 Uhr.

Stadtteilarchiv Ottensen e.V.
Geschichtswerkstatt für Altona
Zeißstr. 28 | 22765 Hamburg-Ottensen
Telefon: 040 / 390 36 66
E-Mail: info@stadtteilarchiv-ottensen.de
Website: www.stadtteilarchiv-ottensen.de

Stiftung Hanseatisches Wirtschaftsarchiv
Regionales Wirtschaftsarchiv für Hamburg und Norddeutschland; Aufbewahrungsstelle für wirtschaftshistorische Dokumente von Firmen, Vereinen und Verbänden, sowie Privatpersonen der Wirtschaft, öffentlich zugänglich.
Kathrin Enzel (Geschäftsführerin)
c/o Handelskammer Hamburg
Adolphsplatz 1 | 20457 Hamburg
Telefon: 040 / 361 385 17
E-Mail: wirtschaftsarchiv@hk24.de
Website:
www.hanseatisches-wirtschaftsarchiv.de
Öffnungszeiten: Mo.–Do. von 10 Uhr–16.30 Uhr, Fr. von 10 Uhr–15 Uhr.

Claudia Thorn und Sybille Baumbach
Archivierung und Recherche für Wirtschaft und Wissenschaft
DokuSearch Thorn & Baumbach PartG
Historikerinnen
Stresemannstr. 9 (Hof) | 22769 Hamburg
Telefon: 040 / 878 876-13/15
E-Mai: info@dokusearch.com
Website: www.dokusearch.com

Verein Film- und Fernsehmuseum Hamburg e.V.
c/o Campus Finkenau
Finkenau 35 | 22081 Hamburg
Telefon: 040 / 533 201 89
E-Mail: info@filmmuseum-hamburg.de
Website: www.fernsehmuseum-hamburg.de
und www.filmmuseum-hamburg.de

Verein für Hamburgische Geschichte
im Gebäude des Staatsarchivs
Kattunbleiche 19
22041 Hamburg-Wandsbek
Telefon: 040 / 689 134 64
E-Mail: vfhg@hamburg.de
Website: www.vfhg
Öffnungszeiten der Geschäftsstelle:
Di., Mi. und Do. von 9.30 Uhr–13 Uhr
Vereinsbibliothek:
Di., Mi. und Do. von 10 Uhr–13 Uhr.

....

Publikationen:

Atmen und halbwegs frei sein. Flucht nach Shanghai (to be able to breathe and to enjoy some measures of freedom. Escape to Shanghai). Herausgegeben von: Sybille Baumbach, Jens Huckeriede und Claudia Thorn. Hamburg 2011.

Aus der Gegenwart die Zukunft gewinnen. Die Geschichte der Patriotischen Gesellschaft von 1765. Sigrid Schambach. Hamburg 2004.

Der Ausschluss der jüdischen Mitglieder 1933. Die Patriotische Gesellschaft im Nationalsozialismus. Marlis Roß. Hamburg 2011.

Hamburger Zeitreise, 12 Jahrhunderte Stadtgeschichte. Matthias Gretzschel und Sven Kummereincke. Hamburg 2013.

Im jüdischen Hamburg. Ein Stadtführer von A–Z. Michael Studemund-Halevy. Hamburg 2011.

Reihe „Mitglieder des Vereins für Hamburgische Geschichte erinnern sich". Herausgegeben von Claudia Thorn. Bisher erschienen: Mein Hamburg (2014), Achsen, Netze, Ringe. Verkehr in Hamburg (2013), Auf dem Weg ins Berufsleben (2012), Schulzeit in Hamburg (2011), Wohnen in Hamburg (2010), „1968" in Hamburg (2008).

Sefardische Juden in Hamburg. Michael Studemund-Halevy. Hamburg 2000.

Von Menschen und Mauern. 100 Jahre Gefängnis Lübeck Lauerhof 1909–2009. Sybille Baumbach, Claudia Thorn und Mitarbeiter und Gefangene der JVA Lübeck. Lübeck 2009.

Zerstört die Erinnerung nicht: Der jüdische Friedhof Königstraße. Michael Studemund-Halevy und Gabriele Zürn. Hamburg 2002.

....

Viele weitere Bücher und Produkte rund um Hamburg und die hamburgische Geschichte auch unter **www.abendblatt.de/shop**

....

Besuchen Sie uns im Internet: **www.buero-bast.de**

WEITERE GEHEIMNISSE DER HEIMAT GIBT ES IN

50 spannende Geschichten aus ...

Konstanz Band 1 + 2
Villingen-Schwenningen
Überlingen Band 1 + 2

Donaueschingen, Bräunlingen und Hüfingen
Friedrichshafen

Aalen und Wasseralfingen
Tübingen
Esslingen

Bayreuth
Würzburg
Hamburg

Schwäbisch Gmünd
Bad Cannstatt
rund um den Bodensee – für Kinder

ALLE BÜCHER ERHALTEN SIE IM BUCHHANDEL ODER UNTER:
WWW.BUERO-BAST.DE

Spannende Romane

VON DER „GEHEIMNISSE"-AUTORIN EVA-MARIA BAST

Vergissmichnicht

Die Journalistin Alexandra Tuleit stößt auf einen mysteriösen Mordfall, der sich 1980 in Überlingen ereignet hat. Der Täter wurde nie gefasst. Wenig später wird ihre Informantin tot aufgefunden. Zur gleichen Zeit verschwindet in Südfrankreich eine Frau – und die Spuren führen nach Überlingen und Konstanz ...

Ein spannender Krimi mit viel Lokalkolorit vor der traumhaften Kulisse des Bodensees.

Eva-Maria Bast, Vergissmichnicht: Der erste Fall für Alexandra Tuleit und Ole Strobehn. 280 Seiten. Gmeiner-Verlag 2012.
ISBN: 978-3-8392-1338-4

Tulpentanz

Der junge Geliebte der Firmenchefin Helena Eichenhaun wird am Bodenseeufer tot aufgefunden. Zeitgleich verschwindet in Aalen die Pfeife des Spions – eines Wahrzeichens der Stadt. Alexandra Tuleit und Kommissar Ole Strobehn enthüllen eine unglaubliche Geschichte, die tief in die Vergangenheit führt ...

Hochspannung zwischen Aalen und dem Bodensee!

Eva-Maria Bast, Tulpentanz: Der zweite Fall für Alexandra Tuleit und Ole Strobehn. 410 Seiten. Gmeiner-Verlag 2013. ISBN: 978-3-8392-1413-8

Mondjahre

Deutsches Reich 1914. Johanna, Sophie und Luise sind drei mutige, starke und schöne junge Frauen, die Zukunft liegt verheißungsvoll vor ihnen. Doch dann bricht der Krieg aus und zeigt ihnen das Leben von seiner finstersten Seite. Sophie erwartet ein Kind von einem Franzosen, der jetzt Feind ist, Luise und Johanna geraten in russische Gefangenschaft. Der Krieg verlangt ihnen alles ab. Aber er macht sie auch stärker.

Frauenschicksale in Ostpreußen und am Bodensee.

Eva-Maria Bast, Mondjahre. 466 Seiten. Gmeiner-Verlag 2014.
ISBN: 978-3-8392-1545-6